清代

科舉

劉兆璸／著

東大圖書公司

修訂三版說明

　　中國科舉制度始於隋唐、迄於清末，為歷代統治者選拔人才的重要管道，並促成宋代以後「萬般皆下品，唯有讀書高」的社會風氣盛行，對中國政治、社會與文化等各方面的發展影響甚鉅，因此科舉制度實為研究傳統中國的一個重要切入點。尤其清代以後，科舉制度已發展得相當完備，故本書以「清代科舉」為題，更有助於讀者對科舉制度的發展與特色有一概要之認識。

　　作者劉兆璸教授爬梳多方資料，以學術專著的規格詳細論證，為求好讀易懂，特意取材精要、用字淺白流暢，並附錄許多珍貴圖表，值得推薦給對中國政治史、文化史、社會史和制度史等有興趣的讀者一讀再讀。

　　此次再版，除校正內容務求精確，並重新整理圖表、設計版面，希冀能提供讀者更舒適的閱讀體驗，誠摯期盼此作品繼續流傳，以饗讀者。

編輯部謹識

再版自序

　　清代科舉制度，因襲前朝，益臻繁密，包羅既廣，文獻亦多，董理爬梳，力求明簡。本編印行以來，蒙嘉新水泥公司文化基金會給以優良著作獎評，各方友好亦惠予指正。茲特再版，補充部份材料，修正若干錯誤，庶使日漸進步，勉為學術性之刊物。

　　當今世界文明諸邦之考選官吏制度，應以英國為最優，惟昔日英制初創，其借鏡於我者實多，即今日英之學人，猶有對我國以往科舉考試制度詳加研究者，本編或可供外國學人之瀏覽，藉以宣揚我國固有之文化。

中華民國六十五年十月
合肥劉兆璸再序於臺南市國立成功大學

初版毛序

老同學劉君毅人把他所著的《清代科舉》一書給我看。我略讀一過，覺得毅人對於這書用力勤而引證仔細，且使讀者可得開卷有益的樂趣。

科舉制度在我國教育和政治上的影響，是不可忽視的。要懂得我國過去的歷史，則明瞭科舉制度實為必要。在過去兩年裡，毅人孜孜不倦的從事於撰述這部書，凡有疑難的地方，必追查究竟才安於心。雖居住臺南而常北來到中央研究院的傅斯年圖書館和故宮博物院的圖書館翻檢有關的典籍。這種認真做事的精神，實值得讚美。

我可以向讀者說的，就是這部書非特告訴我們以清代科舉制度的大綱，且對我國史傳中所習用的辭義亦常作極有用的解釋，例如五十五頁的「公車」是閱覽史傳的人所容易忽略過去而不求甚解的。書末「清代文官品級職掌表」裡所附的按語，對治史的人尤為有實用。古今官制，自有難以十分吻合的地方，但漢世鄭玄注禮，已用以古擬今的方法以曉治經的人了。

　　從清末停止科舉到現在，已歷七十多年。知道科舉制度的人，已經不多。毅人不辭勞苦，網羅文獻以寫成這部書，乃是對我們學術界極有益的事情。我知道他下筆謹慎，凡證據不足的，便蓋闕不言。這本書出來後，海內外學人若能將這書所沒有用到的資料告知筆者，我想，筆者必樂於採用以使這書臻於盡善盡美，而且亦是凡關心我國教育史、文化史的人所盼望的。

　　回憶弱冠時肄業北大預科，和毅人同住在譯學館甲字樓上。當時同住在這樓的同學，如傅孟真（斯年）和袁守和（同禮）二人，雖久已去世，但他們在學術文化上都有很大的建樹，每念往事，實覺欣喜。現在在自由中國裡，曾住甲字樓而有當年朝夕晤談回憶的同學，毅人和我而外，只有李君振彬（冰）一人。毅人雖專治工程，退休後尚能以餘力從事文史的考據以完成對我們文化史上一本極有意義的著作，當然是我和振彬所引為榮的事情。

　　　　　　　　　中華民國六十四年二月十七日毛子水謹書

初版楊序

　　我國考試制度，淵源極古。《禮記‧王制》：「命鄉論秀士，升之司徒曰選士，司徒論選士之秀者而升之學曰俊士。升於司徒者不征於鄉，升於學者不征於司徒，曰造士。」又曰：「大樂正論造士之秀者以告於王，而升諸司馬曰進士，司馬辨論官材，論進士之賢者以告於王而定其論，論定然後官之，任官然後爵之，位定然後祿之。」是周代已具選士制度之雛形。春秋戰國之世，游士淬興。恆以布衣致身卿相，雖無考選之名，而有登庸才俊之實。兩漢察舉人才，責成於州郡，由天子親加策試，有賢良方正、孝廉、茂才諸名目，得人稱盛。魏晉南北朝，行九品中正制，末流所及，乃形成門閥把持之局。隋大業二年，初置進士科，是為科舉制度之肇始。其後歷唐宋以迄明清，千數百年間，此一制度，遂為歷代國家取士之正途。滿清以異族入主中原，其科舉之制，大抵沿襲前明，而益加周密，究其規劃，蓋羈縻牢籠之意多，而求賢愛士之心少。明代以八股試士，顧亭林嘗力詆其弊，清人不思易轍，一循舊軌，愈演愈烈，竭

天下士子之心力，浪費於制藝文辭，罔顧實寫，而斯時西洋科學技術，已由芽萌而銳進不已，外侮之來，舉國莫之能禦，遂使此一歷經一千三百年之科舉制度，以不能適應需要，而卒致除廢。

清代考試內容，雖大可疵議，而其「規劃」之周密，功令之森嚴，平日重訓誡於廟廷，杜弊端於場屋，其間不惜屢興大獄，誅戮大臣，以肅風紀，此種重視考試，公平競進之精神，亦有足多。國父以天縱之聖，手創五權政制，意即鑒於吾國考試制度，實有保存並發揚光大之價值，煌煌遺訓，足為百世師法。民國十六年國民政府奠都南京，奉行國父遺教，正式成立考試院，迄今近五十年，各項法制，燦然大備，歷屆考試拔才，績效昭著。除公務人員外，如專門職業及技術人員與公職候選人之參加考試，足以補偏救弊，力矯清代之失。語云：前事不忘，後事之師，有清一代，去今最近，其考試制度之利鈍得失，堪供今日參考研究者甚多。

合肥劉毅人兄與予少年同學，雖學習工程，而留意於文史，近年以來，講課上庠，績學清徽，為時推重。茲於教讀之暇，編纂是集，喜其蒐羅繁博，敍述詳贍，不僅備一代之文獻，抑足供後學之鑽研，故樂為之序，以告究心清代考政者。

中華民國六十四年三月楊亮功於臺北

初版自序

　　蘇子瞻論歷代養士取士之道有言曰：「三代以上出於學，戰國至秦出於客，漢以後出於郡縣吏，魏晉以來出於九品中正，隋唐至今出於科舉」。蘇生於宋，所論止於宋代，蓋自隋世以迄晚清，我國用科舉取士，治理庶政，已歷千三百餘年矣。

　　清代科舉制度，大體沿襲前明，數百年間甄拔才俊，代不乏人，惟當時所試科目，多為皇朝統治設想，無關民生國計。在昔閉關時期，與世隔絕，國家幸能安堵數百年。海通以後，時局改變，外侮頻仍，無以抗禦，實因政府向未儲備各種實用人才，徒尚空洞文墨取士，關係重大。究其禍害，不在考試方法有缺欠，而在考試內容之偏差，吾人讀史，對此應有了解。

　　鑽研學術，原不拘上下古今，方今人類已登月球，行將旅行月球，政治亦崇尚民主，然仍不能謂今之研討往昔驛運與宰相制度，為抱殘守闕。蓋清代科舉制度，已歷數百年，停科亦逾七十載，國人多不明暸，自有追述研究之價值，藉以知其利弊得失，裨益今之考政與儲才建國方針。

　　余少習工程，經史甚少涉獵，文字亦慚淺陋。惟髫齡曾目睹童試文場，親見武試騎射，對於先輩所談科舉掌故，亦頗有印象，興趣所至，妄寫斯編。力求簡明，稍涉考據，自集材、構思、擬稿、殺青，兩歷寒暑。其中間有疑問，以老輩凋零，無從請教，自知難免闕失。茲編所載，何敢妄稱著述，聊供留心我國典章制度者之瀏覽而已，倘蒙當世學者有所指正，則幸甚矣。

　　　　　　　　　　　　　中華民國六十四年二月
　　　　合肥劉兆璸序於臺南市國立成功大學時年有八十有一

前　言

一、清代科舉各項制度，二三百年間時有變更，本編所述，多以晚清制度為準。

二、文中引用之故宮所存科考資料，多為外間書刊所從未發表過者。

三、文中將過去有關文獻所列舊制度量衡之數字，均改為今日度量衡之數字，以免模糊不清。

四、為使閱覽方便起見，所有文中須加註釋處於當頁加註。

五、清代科舉制度與當時文武職官之品級職掌有密切關係，特附數表，以資查考。

六、書後一章為作者對於清代科舉之管見。

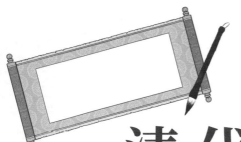

清代科舉 目次

第一章　概說

　　清代科舉考試分四階級，日童試，日鄉試，日會試，日殿試。童試可謂為「地方考試」，鄉試為「分省考試」，會試、殿試均為「中央考試」。

　　科舉制度三年考一次，係就每一考試之前後階段而言，實際上每年均有考試。當時社會上所注意之年份為「子、卯、午、酉、辰、戌、丑、未」。

　　如按次序而言，應為「子、卯、午、酉、丑、辰、未、戌」。

　　前四字為鄉試年，後四字為會試年，其餘四字「寅巳申亥」為童試年。

　　研究清代科舉各級考試制度，應先明瞭清代各省之行政系統，以免模糊不清。清代行政系統分四階級，如表1。

表1　清代各省行政系統表

```
                 ┌─ 直隸州 ─┐  ┌─ 縣
省 ── 道 ───────┤   府   ├─┤   州
                 └─ 直隸廳 ─┘  └─ 廳
```

縣之長官為知縣。縣境之較大者曰州，謂之散州，長官為知州，品級較知縣高。州縣官可互調，均為親民之官，通常所謂「地方官」，係指州縣官而言。若地方行政區域不大，如江蘇揚中縣，原為長江中新生地之太平洲，多先設廳，謂之散廳，隨後再改為縣。又如自清初以至中葉之湖南、四川、廣西、雲南、貴州等邊遠省份，逐漸開發，省區日大，其初開發之地方，亦先設廳，謂之散廳，再邊區有所謂「土司」者，其轄境往往超過一個州縣，後來「改土歸流」亦多設廳，散廳之長官為同知或通判。

府之長官為知府，住府治，管轄數州，縣、廳不等，如直隸保定府轄二十縣，河南南陽府轄二州十縣一廳。

直隸州之長官為直隸州知州，轄數州縣。直隸廳之長官亦為同知，其品級較知縣高，故亦轄縣。直隸州知州直隸廳同知均無附郭縣，即以本官所在地，行使州縣官職權，另轄其他屬縣。

每省分三數道或四五道不等，惟此級與科舉考試無關，毋庸細述。道之上級為巡撫，清初巡撫為巡按大員，代表中央考察各省軍民要政，嗣改為省之行政長官。其下有布政使，管民政財政，俗稱藩臺，按察使管司法，俗稱臬臺，撫、藩、臬稱三大憲。

若於省在巡撫上，設兼管兩三省之總督，中葉後，以督撫

同城，權責不清，裁撤少數督撫，故亦有較大省份，以總督行使巡撫職權，不設巡撫。

　　民國後，行政系統改為省、縣二級制，裁撤道、府、直隸州、直隸廳，舊日較大較小行政區域之以州、廳名者，一律改稱為縣，直隸省政府。

第二章　童試

童試俗稱小考，有三階級，一、縣考，二、府考，三、院考。凡士子參加此最初級科舉考試者，無論老少，皆曰童生，或曰儒童。有嘲童生聯云：

行年八十尚稱童，可云壽考。

到老五經猶未熟，真是書生。

第一節　縣考

縣考（州試同）在二月，由縣官主持，儒學署教官監試。考前一個月，由縣署公告考期，童生向縣署禮房報名。

一、填寫本身姓名、年歲、籍貫、體格，當時無現今之詳細體格表，表中僅填寫「身中面白無鬚」等字樣。同時填寫曾祖父母、祖父母、父母三代存歿之履歷，出

　　　　繼者兼寫本身三代。

二、取具同考五人之五童互結，作弊者五人連坐（晚清時
　　免具互結，不知始於何時）。

三、請本縣廩生具結，謂之「認保」。保其實無冒籍、匿喪
　　（居父母喪謂之丁憂，不能參加考試）、頂替、假名，
　　身家清白，非娼優皂隸之子孫，本身亦未犯案及操賤
　　業。完成以上手續，方准應考，名冊分存學署。

　　各縣皆有試場，普通稱考棚，規模雖有大小，而規格相同。
均坐北朝南，最南有東西轅門，圍以木欄，中為一大院，北為
正門，亦稱「龍門」。門內又一大院，以便考生站立院中，聽候
點名。再北為三間大廳，中間為過道，考官坐西間，面東點名。
再後則為許多間許多排長條棹長條座位之考生寫作處所。

　　縣考四場或五場由縣官決定。每場一天，黎明前，由縣官
點名，童生帶考籃，內貯文具食物，戴無頂戴之官帽入場。如
考生眾多，預先分排，每排五十人，院中立有糊紙燈牌，容易
看清，依次進行。

　　點名時，教官向考官一揖致敬，立考官背後，再集合作保
廩生，每一廩生亦次第向考官一揖致敬，立考官旁監視。童生
應名接卷，高聲唱某廩生保，廩生應聲曰廩生某保，謂之「唱
保」。如作保廩生對該生有疑問時，立即查察或扣考。

　　入場前，有「搜子」搜查考生全身，有無懷挾抄寫之文字。入場後，封閉考場，用牌燈巡行場內，宣佈試題，開始寫作。

　　第一場為正場，錄取從寬，文字通順者即可錄取，取者准應府考，以下各場續考與否，聽考生自願。

　　自第一場至末場，每場考後數日揭曉一次，文字較差者陸續淘汰。第一場未取者，不能考第二場，至末場錄取人數甚少，為應取秀才名額之二倍。

　　再第一場取前列者，下一場提坐「堂號」，接近主試官，監試加嚴，或受面試，其人數視縣之大小，以十名至二三十名為度。

　　定制學署教官不准閱卷，以防作弊。考試內容，在初第一場考四書文五經文❶各一篇，五言六韻試帖詩一首，其後以年代久遠，時有變更，不拘定格，各場考試不外四書文、試帖詩、五經、詩、賦、策、論、性理論、聖諭廣訓等。內中有一場考作賦或古詩，謂之經古場。光緒末年廢除八股文試帖詩，改試經、義、策、論，茲不詳述。其中題目，詩、文寫法，皆有一定格式，不能犯廟諱（已故皇帝名）御名（當今皇帝名）及聖諱（先師孔聖名），試文不得少於三百字。

---

❶　《論語》、《大學》、《中庸》、《孟子》為「四書」；《詩經》、《書經》、《易經》、《禮記》、《左氏春秋傳》為「五經」。

　　每場限即日交卷，不給燭，考生完卷，分批開放龍門出場，謂之「放排」。

　　考試揭曉時，謂之「發案」，每次發案，鳴炮用吹手。發案寫法用圓式，或曰圈。取在第五十名以內者，為第一圈。圈分內外兩層，外層三十名，內層二十名，亦有不分內外，列五十名為一大圈者。居外層正中提高一字寫者，為第一名，只寫坐號，不寫姓名，以次由左旋次第數之，與今日鐘錶之行動方向正相反，謂之出圈或出號，第二圈以下仿此。

　　各省亦有用排發案者，五十名以內為第一排，餘類推。最少為在京外各省應試之旗人榜，如為三人，則寫成三角，兩人則一上一下。

　　末場考畢，即將自第一場起應取之考生，全數拆開彌封，用姓名發案，謂之「長案」。取列第一名者，曰「縣案首」，非有重大原因，至院考照例「進學」，即考取秀才。考取前十名者謂之「縣前十」，係一項榮譽，至府考時提坐堂號。

　　聖諭廣訓乃康熙時頒佈訓勉士子之文，考生在試場默寫時，不許誤寫添改，共十六條：

　　一、敦孝弟以重人倫。

　　二、篤宗族以昭雍睦。

　　三、和鄉里以息爭訟。

四、重農桑以足衣食。

五、尚節儉以息財用。

六、隆學校以端士習。

七、黜異端以崇正學。

八、講法律以儆愚頑。

九、明禮義以厚風俗。

十、務本業以定民志。

十一、訓子弟以禁非為。

十二、息誣告以全良善。

十三、誠匿逃以免株連。

十四、完錢糧以省催科。

十五、聯保甲以弭盜賊。

十六、解仇忿以重身命。

縣考畢後，縣署造具名冊，送本縣學署並申送直轄本縣之府，或直隸州、廳，參加府考。

第二節　府考

府考（直隸州、直隸廳試同）多在四月，考官為直轄本縣之知府，或直隸州知州、直隸廳同知。順天府屬之州縣，由府

丞主持。

　　考生於縣考時因故缺考者，補考一次，准應府考。其所以必須補考者，因補考後，學署名冊上始有該生姓名也。至於第一場未考取者，其應考資格仍然存在，不過進學希望不多，亦准應府考。

　　府城均有考棚，直隸州、廳無考棚者，藉用府城考棚或合併考試。府考係就各州縣考生加以再試，各縣考生皆應參加，視人數多寡，考棚容量，每次考數縣。每縣同一試題，各縣試題不同，但不懸殊，以免有難有易，遭受批評，或有弊端。至於報名、填表、廩生保結、編號、彌封、提坐堂號、出圈、發長案等，均與縣考同。

　　府考四場或五場，由考官決定。第一場為正場，錄取者准應院考，第二場不續考者，聽其自便。自第一場至末場之考試內容及一切場規，亦與縣考相同，仍陸續淘汰，最後人數為應取秀才之一倍。取列第一名者，曰「府案首」，非有重大原因，照例進學，取列前十名者曰「府前十」，院考時提坐堂號。

　　府考畢後，府、州、廳署造具名冊，送本府、州學署並申送學政，舉行院考。

　　乾隆年間，為防止認保廩生徇情或受賄而與考生共同作弊起見，於認保之外，增加「派保」。府考畢後將錄取之考生名

冊，送由學署按名次先後，五人一組，分配給若干派保廩生，先期公告，考生必須先請認保廩生，再請派保廩生，有認保派保雙重保證，至院考時始准應考。

第三節　院考

院考由「學政」主持。學政亦稱「學院」或「學差」，由皇帝欽派科甲出身之翰林充任，每省一人，三年一任，任何高官如非翰林出身，不能放學差。學政考文童兼考武童，故加提督銜，以示崇隆之意。其全部官銜為「欽命提督某省學政」，身份等於欽差，與巡撫平行，能專摺奏事，為各省布政使所不能者。巡撫衙門稱撫院，學政公署亦稱學院，此院考之名所由來也。順天學政初以府丞兼任，乾隆五十八年專放學政，統考直隸全省，永遠派三品以上官充任。

各省學政皆駐省城，惟順天府學政駐通州、江蘇學政駐江陰縣、安徽學政駐太平府、陝西學政駐三原縣。學政於其駐在地，就考棚考試童生以外，分期案臨各府各直隸州、廳考試，謂之「出棚」，故縣考府考院考之揭曉，皆曰發案，亦由於此。至因地點太遠或交通不便，學政不能案臨，如新疆省之邊遠縣份，俱密封試題，遞交新疆巡撫代考，試卷封送陝西學政評閱。

學政案臨某府某直隸州、廳時，即以當地知府、知州、同知為提調，籌備一切，學署教官監試。府考時缺考者，補考一次，與縣、府考均未考而雙補者，皆准參加院考。佾生❷免府、縣考，一體院考，其點名次序在名冊之首。

學政點名時，領保廩生之認保派保，均在旁監視，遇考生有疑問者，隨時查究或扣考，重則枷示。如廩生勾通考生作弊，輕則處罰，重則黜革治罪。其他一切場規，亦較府、縣考更加嚴厲。

院考兩場，考試內容，與府、縣考大致相同。評閱試卷，請較遠書院山長（詳後）或幕友擔任，或自五百里外聘請，以資迴避，而昭慎重，人數至少四五人。

第一場錄取人數，為應取秀才名額之一倍，用圓圈揭曉，只有坐號，不寫姓名，謂之「草案」。第二場覆試後，拆彌封，寫姓名，錄取者即為「秀才」。取列第一名者曰「案首」，俗稱「首卷」。

縣考、府考、院考三次末場，均為案首，縣考第一、府考

---

❷ 佾生又稱樂舞生，以童試額滿見遺之前三名童生補用，祭孔時文武生各半，文舞生執雉尾毛，武舞生執斧，排立大成殿樂臺上佾舞。佾生有頂戴，有薪給，嗣被教官侵領，空有此名。童試時，佾生名冊在一般童生之前。各縣佾生六十四名。

第一、院考第一，謂之「小三元」。

　　童生年在十四歲以下考秀才者，可報考「幼童」，提坐堂號，由學政面試，作簡易試題，或背經書及其他簡易試法，准予「進學」。

　　童生進學後，須送學署教官及派保認保廩生贄敬，授課塾師謝儀，並向祖先墳墓致祭，向族戚尊長用大紅紙報單報喜，向親友用紅單帖拜客。

　　新入學秀才須親到學署，填具表冊，書寫姓名、年歲、籍貫、體格、三代履歷，由教官出具保結。八旗❸由本管領出具圖片，彙呈學院。學政訂期召集新秀才於大堂行「簪花禮」，是

---

❸　清代兵制以旗之顏色為別，初為正黃、正白、正紅、正藍四旗，後加鑲黃、鑲白、鑲紅、鑲藍，故曰八旗。正黃、正白、鑲黃為上三旗，清初隸屬親軍，亦曰內府三旗。其餘五旗，曰下五旗，是為滿洲八旗。蒙古漢人之歸附者，增設蒙古八旗、漢軍八旗。其編制每三百人，設一佐領，五佐領設一參領，五參領設一都統，領七千五百人。及後旗丁繁殖，每一佐領，轄兵增至四百五十人，滿、蒙、漢二十四旗，共有二十八萬人。用以拱衛京師及分駐全國十八個防區內之軍事、政治、經濟中心，如南京、杭州、長沙、武漢、開封、西安、重慶、成都、廣州、福州、蘭州等地，震懾及監視漢人。其指揮權屬將軍都統，兵部亦不能過問。再上則為皇帝，或由御前侍衛大臣代理。

日新秀才均穿戴藍衫雀頂（穿藍袍青邊，戴銀雀頂高四公分），隆重舉行。

學政並以各州、縣新秀才之名次前列者撥府，由知府送入府學，曰府學生員。其餘留縣者，由縣官送入縣學，曰縣學生員。因生員附入學宮讀書，故曰附生。庠序即是學校，明清以來，稱各州縣學為「邑庠」，故亦曰邑庠生，普通稱秀才，雅稱茂才或諸生，秀才向官署呈文，稱附生、庠生、生員、文生。

各府、州、縣奉到學政發下之「紅案」（即新秀才名單），訂期召集新秀才，在大堂齊集，率領至孔廟向先聖孔子行禮，謁學署教官。縣官對教官行賓主禮，縣官告退，隨即由教官講經片刻，是為新秀才入學之隆重典禮。

學宮即孔廟，亦稱「黌舍」，包括黌門、大成殿、兩廡、明倫堂、明倫堂兩旁學署。黌門外有「泮水」，水池為半橢圓形，新生入學，繞池一周，謂之「入泮」。

秀才入學滿六十年，再參加新秀才之簪花禮，謂之「重游泮水」，事前呈報禮部，為一隆重榮譽典禮。

第四節　秀才之名額

《大清會典》載，各州、縣秀才名額，以各該縣之文風高

下、人口多寡及田賦數目，以為差別。分為大、中、小學三等，大縣三四十名，中縣二三十名，小縣十數名或數名。咸同間，因地方守城、收復城池、捐獻軍餉等關係，另加名額，均有規定。

清初以迄中葉，國內交通梗塞，邊省有所謂苗民、猺民、畬民，國防上有所謂衛籍，商務上有所謂商籍等，均另有規定，各部份童生交由各州縣廩生作保，保留錄取名額。後來交通便利，民族同化，保留名額，一律取消，參加各州縣正常考試。

滿清進關，以武力入主中原，初畏旗民輕視騎射，習於文弱，不准參加漢人之科舉考試。嗣以旗民羨慕科舉榮耀，暗地偷考，康熙間，始規定滿蒙秀才六十名，漢軍三十名，各省駐防十名或數名。

第五節　秀才之權利及生活

秀才免徭役，免丁稅（清代戶口不清，只收地畝稅，所謂「地丁錢糧」實際上只收地稅），見地方官站立回話，較平民優待，非經黜革功名，不得施以笞刑。

秀才已入士林，在社會上薄有地位，住宅大門亦較平民宅高三寸，多以教館為生，收入菲薄，清苦終老。當年各地圖書

表 2　清代科舉考試系統表

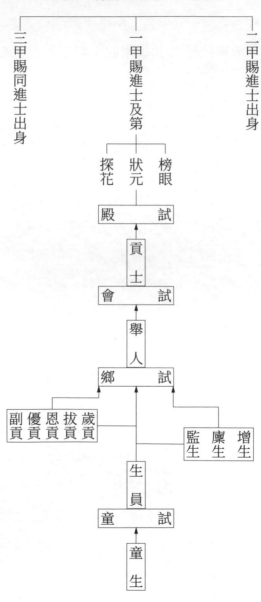

館少，勤勉秀才限於環境，難於進修。

　　歷代固有諸生（秀才雅稱）終為碩學鴻儒者，惟大多數秀才平時應歲考、授生徒，及充喪家禮生外，幾無他事，故有自嘲為「無鎖無枷自在仙」。

第三章　秀才階段之生員及各種考試

秀才階段之生員有幾種：一、附生；二、增生；三、廩生；四、五貢；五、監生。

秀才稱附生，附生陞增生，增生陞廩生，皆由歲考遞陞而來。

第一節　歲考

學政三年一任，到任後，第一年考歲考。歲考為考察廩、增、附生之學業是否荒蕪進步，給以懲獎之考試，限一年完成。先由各府、州、縣學署令各該屬之廩、增、附生，到學署親填姓名、年歲、籍貫、體格、三代履歷。再由學署造具生員之陞降、丁憂、改名、病假清冊，送呈學政。

生員必須應歲考，不能逃避，缺考者勒令補考。除年屆古稀或患殘疾呈准免考，欽天監算學生可免考之外，皆須應考。親喪可告丁憂假，遠遊可告遊學假，但只能連告兩次，至第三

次即有革去功名可能，故云「秀才活到老考到老，秀才怕歲考」。

歲考內容，時有變更，初為四書文、五經文、五言六韻詩，晚清為策論。評定成績，初分六等，一等甚少，大縣一二十名，中、小縣十名或數名。考一等者，附生補增生，增生補廩生。二等有陞降，如附生補增生，廩生停餼（停發俸米）。三四等及格，五六等在先有所謂青衣發社兩名目，係由藍衫改著青衫，由縣學改入社學，更有用戒尺打手心或革去秀才等處罰。道嘉後，評定成績，鮮在四等以下，廩增不降級，其他處罰亦免除，一切從寬矣。

第二節　科考

學政到任，先考歲考，次考童試院考，第二年考科考。因各省各府、州、縣生員眾多，鄉試考場容量有限，且文字差者，亦徒勞往返，故三年大比之前，對生員先有甄別之必要，此項甄別考試，謂之「科考」。

生員必須經過歲考，始准參加科考。科考列一二等及三等前三名，始准鄉試，謂之「錄科」。科考三等及未參加科考者，在鄉試前一個月，再補考錄科一次，錄取者准予鄉試，謂之「錄遺」。

拔、優、副、恩、歲貢皆已出學，不須歲考。《大清會典》載「在籍恩歲貢監生願就本省鄉試者，一併考選」。故拔、優、副貢鄉試前，可不經科考，恩貢歲貢仍須參加。

凡偏遠地方交通不便，學政不能周歷者，歲科兩考可同年舉行，先考歲考，次考科考，謂之「歲科併行」。遇恩科之年，鄉試期迫，亦准歲科併行，或以歲考作科考。

當年社會上錢財艱難，各地交通不便，行旅費用較多，寒士應鄉試，常賴親友資助「科費」成行。

第三節　廩生　增生

廩生每歲有俸米，謂之食餼，故曰廩膳生，簡稱廩生。明太祖賜學宮田，供祭祀及師生廩膳，月人六斗，清代沿之，在學宮謂之「學租」。後來折錢，每年領四兩八錢銀。廩生俸米向由學署領取，後來均由教官領去，空有其名。

廩生名額府學四十名，州學三十名，縣學二十名。八旗名額滿蒙四十名，漢軍二十名，各省駐防二名。嗣增廣名額曰增廣生，簡稱增生，增生名額與廩生同。

凡遇本府、州、縣廩生因年資十年以上陞歲貢及考取拔貢、優貢、陞任恩貢以及副貢或病故者，廩生有空缺，增生經考一

等，皆按先後名次，遞補廩生。惟補廩有效之期，只限於新取之一等增生，歲考一等，限至科考，科考一等，限至歲考，逾期則屬下屆歲科考之一等者。

廩生職責專為童生作保，亦惟有廩生始有為童生作保資格。童生無保，不能考試，廩生作弊，輕重處罰，至增生則無俸米，亦無責任。

第四節　五貢　監生

貢生歷史悠久，原係選拔生員中優秀者，貢獻國家，至國子監讀書或從政，故稱貢生，五貢均係正途出身，雅稱明經。

拔　貢

拔貢生簡稱拔貢，雍正間，六年選拔一次，乾隆九年改為每十二年逢酉年一選，在學政案臨各府、州、縣時，於歲考後，舉行拔貢考試。府學取二名，縣學一名。考生自行報名，考試兩場，題目繁多，非寫作俱佳，考一等最多，品行端正，在地方負有聲望者，不能膺選，故拔貢多為廩生。試後由學政會同督撫再試一場，將正試覆試原卷，送部磨勘，但無變動。因拔

貢十二年選一次，人數甚少，規定寧缺勿濫，學政濫選，應受處分，是以極為社會所重視。

拔貢考取後，由學政督撫報部，限次年五月赴京報到，先在禮部覆試，錄取者到保和殿朝考。取列一等者，授七品小京官，分部學習，三年期滿陞主事。二等授知縣，分發各省，俗稱「小老虎班」，到省數月補缺，為入仕途捷徑。三等授直隸州州判，教諭等職。

優　貢

優貢生簡稱優貢，清乾隆後始有之。學政於三年任滿前，例由各府，州，縣教官保舉所屬品學兼優之生員，呈送學政會同巡撫考優貢，以備次年送京朝考。其名額大省六名，中省四名，小省二名。朝考一等者授知縣，二等授教職，三等報罷。

副　貢

鄉試中式為舉人，名登正榜，各省均有定額。其中考卷優良以額滿見遺，或極好卷中有瑕疵者，均列入副榜。定例每五名正榜，取一副榜，取入副榜者曰副貢，俗稱副榜。

　　副貢不能會試，有考取兩三次副貢仍不能會試者，有機可任教職。

恩　貢

　　恩貢生簡稱恩貢，凡遇國家有慶典，如萬壽、皇帝登基、大婚、大規模凱旋有恩詔公佈之年份，廩生適於是年出貢，謂之恩貢。故恩貢即是歲貢，因適逢國家有慶典之年出貢，特有此榮名。恩貢有一特殊權利，非有重罪，學政不能呈請革去其科名。

歲　貢

　　歲貢生簡稱歲貢，凡廩生食餼十年以上，歲考一等，由學政於每歲或每數歲，選一二名，貢至京師，入國子監讀書，謂之歲貢，後來亦不去監讀書，僅有此榮名。

　　歲貢既已貢給國家，在學署方面，謂之「出貢」，不再受教官管束。再各府、州、縣學宮明倫堂匾額上，均有各該籍各級科名人士之題名錄，歲貢亦有題名資格，惟係其中之最低級科名而已。

　　以上五貢皆正途貢生，至於不經考試，不論年資，又有稱
為貢生者，有以下數種：

一、准貢：凡廩生供職於軍中者，皆稱准貢，延至清末，
　　此制猶存。

二、廩貢：廩生未待食餼期滿，納貲捐貢者，謂之廩貢。

三、增貢：由增生納貲捐貢者。

四、附貢：由附生納貲捐貢者。

五、例貢：由布衣納貲捐貢或監生增貲加捐者。

准、廩、增、附貢均免歲考。

監　生

　　國子監為國家最高學府，入監肄業者曰監生，亦稱太學生，
國學生，雅稱上舍，共有四種：

一、優監：優監係學政三年任滿前，選拔附生未補增生或
　　廩生入監肄業者。

二、恩監：恩監係聖賢後裔及八旗漢文官學生考取入監肄
　　業者。

三、蔭監：蔭監有兩種㈠文官京官四品外官三品以上武
　　官二品以上，蔭一子入監肄業者曰「恩蔭」。

㈡殉難大小文武官吏廕一子入監肄業者，曰
「難廕」。

四、例監：晚清可納貲捐監，並不入監肄業，謂之「例
監」。其中亦分兩種，一為納銀一百八十兩捐監
以取得參加鄉試資格，一為捐監求官，以取得
捐官之初步程序，蓋捐官必自監生捐起，逐步
加捐，始達所希之階級。

近人視監生在生員之下，殊不知昔日由生員始可入監肄業，
入監之舉人曰舉監，生員曰貢監，其資格地位係在生員之上。

第四章　學政　教官

第一節　學政

　　學政係「學差」，三年一任，非永久官吏，不在職官之列，因職責重大，必須每任更換，免生流弊。均係翰林考學差錄取，經吏部存記，由皇帝欽派，分赴各省典試。各帶原來官銜、品級，但欽差性質，職位清高隆重。雖高官厚爵如非翰林出身，不能膺選，蓋所以重視文衡也。

　　每逢子、午、卯、酉鄉試之年八月，學政經欽命簡放請訓後，自京師依省份遠近，由禮部規定行程，兵部通令「馳驛前往」，以年終為到任之期。

　　清代有全國驛運網，某站至某站，某縣至某縣，其間距離有細表，又有職官赴任憑限表，載明任地、限期。學政赴任，必須按站前進，沿途始有供應。

　　學政經過之州縣，所有印信、官物、文卷，規定由驛站伕

馬船隻運送，考棚應用官備各物及額定員役工食，准用公款。

考試前，學政必須迴避，不得探望鄉親紳故，不得遊山玩水，不得攜帶眷屬。考試時間，關防嚴密，閱卷人員須在五百里以外聘請，或請較遠書院山長及幕友。隨從吏役均封入考場。不容一人在外，不得索取紅包，不得泛受民詞。

學政案臨各府各直隸州各直隸廳，謂之出棚。各府、州、廳以屬縣之大小，奉送「棚費」，早為各省通例。一任學政，收入可觀，向為窮翰林之優差。

學政案臨各府、州、廳，出經解、策、論、古今體詩、律賦、時文、試帖詩等各項題目，無論童生、生員應試，任擇一題或數題均可。試卷自備，不必入場，亦有就附近試場考試者，隨地發榜，以觀察地方文風之高下，謂之「觀風」。

隨後學政詣文廟，朝服在大成殿祭孔，蒞明倫堂令教官讀「臥碑文」及「聖諭廣訓」，諸生肅立環聽，再由生員講四書一章，巡視文廟有無損壞。

順治七年頒佈臥碑文七條：

一、生員之家，父母賢智者，子當敬愛，父母愚魯或有非為者，子既讀書明理，當再三懇告，使父母不陷於危亡。

二、生員立志，當學為忠臣清官，書記所載忠清事蹟，務須互相研究，凡利國愛民之事，更宜留心。

三、生員居心忠厚正直，讀書方有實用，出仕必作良吏。
　　若心術邪刻，讀書必無成就，為官必取禍患，行害人
　　之事者，適以自殺其身，當宜思省。

四、生員不可干求官長，交結勢要，希圖進身。若果心善
　　德全，上天知之，必加以福。

五、生員當愛身忍性，凡有司衙門，不可輕入，即有切己
　　之事，止許家人代告，不許干與他人詞訟，他人亦不
　　許牽連生員作證。

六、為學當尊敬先生，若聽話皆須誠心聽受，如有未明，
　　從容再問，毋妄行辯難。為解者亦當盡心教訓，勿致
　　怠惰。軍民一切利病，不許生員上書諫言，如有一言
　　建白，以違制論，黜革治罪。

七、生員不准糾黨多人，立盟結社，把持官府，武斷鄉曲。
　　所作文字，不許妄行刊刻，違者聽提調官治罪。

　　學政到達第二天「放告」，因欽差有審理訴訟之權，抬出放
告牌，准人民申訴冤抑，控告不法廩貢生監，如有違犯禁令，
小者交府、州、縣行教官責懲，大則由學政黜革治罪，地方官
不得擅責。其無關禁例者，概不受理。控詞交當地知府知州處
理，地方官有左袒者，可予平反。在從前相當認真，以後亦多
虛應故事。對於教官亦考核其年力、志行、學識、教規，以資

呈報獎懲。

在任內呈報錄取新生名冊，並兩次呈報生員之降革、開復、補考、補廩清冊到部。報滿時，限十一月到部為一任，並將報部清冊，移交新任學政。

綜計學政之任務如下：一、主持童試；二、主持歲考科考；三、獎懲生員；四、考核教官；五、接受人民控訴；六、參加鄉試放榜事宜（詳後）。

清初各省設督學道，以進士出身中書以上之部曹主持文衡，交通困難地方，間以巡按御史代替。雍正後廢督學道，以學院為定制，非翰林出身，不能任學政。至於歲科兩考，在初亦有以布政使、按察使主持者，及後限制益嚴，概由學政辦理，特補述之。

第二節　教官

各府、州、縣學宮皆設教官，府學曰教授，州學曰學正，縣學曰教諭，官稱儒學正堂，每學設副一人曰訓導。教授必須進士舉人出身，貢生可當學正、教諭、訓導。順天府學於漢教授訓導外，增設滿教授訓導各一。山東曲阜孔孟顏曾四氏學，設教授一人，學錄一人，尼山學院設學博一人，皆用聖裔。所

有學宮各官，皆稱教官，雅稱「廣文」、「司鐸」，俗稱老師。

教官例用本省人，但須隔府。

教官職責在歲考、童試、科考時，編造考生名冊表報，考場監試。平時應為生員每月考課一次、講學一次，講經義及倫常諸事。學政來時，將最近童試題及近三科鄉試題抄呈學政。惟講學一事，久已廢弛，除照料春秋兩次「丁祭」祭孔外，幾無所事事。故有譏教官聯云：

百無一事可言教。

十有九分不像官。

貢生當教官，可參加鄉試，考卷上有「官卷」記號。惟舉人已改教職，不准會試。

教官俸薄，侵領廩生俸米，以資補助，早為上下所默契。除童試後新秀才送贄敬之外，無他收入，平時生活清苦，俗稱「豆腐官」。惟以管教生員，地位清高，除對學政因其為欽差地位例外，雖見督撫，不行跪拜禮。

儒學署在明倫堂左右兩旁，一正一副，房屋甚少，教官執公居住均在其中。內用半職員半工友之職工，有特別名稱曰「門斗」，蓋以工友管理門戶，兼管從前廩生領米之升斗工作也。

第五章　鄉試

　　鄉試為科舉考試中最複雜最重要之階段，因考取鄉試為舉人，舉人以下科名繁多，所有生員多在學習進修階段。至鄉試則拔貢、優貢、副貢、恩貢、歲貢、廩生、增生、附生、監生均可參加，貢生出身之現任教職，亦可應考。人數眾多，規模龐大，為國家舉行隆重考試及選拔人才之初步。

第一節　鄉試之定制

　　鄉試三年一科，逢子、午、卯、酉年為正科。凡遇國家有慶典，如皇太后皇帝萬壽、皇帝登極、大婚、大規模凱旋、有恩詔宣佈之年份，加考一科曰「恩科」。恩科如逢正科之年，則以正科為恩科，正科或於先一年預行，或第二年補行，亦有合併舉行，謂之「恩正併科」。清代二百六十八年間，計有正科八十六，恩科二十六，共一百一十二科。

　　鄉試考期在八月，故曰「秋闈」。共分三場，初九日第一

場，十二日第二場，十五日第三場，永為定制。

第二節　順天鄉試及各省鄉試

　　各省鄉試皆在省城舉行，惟江南鄉試江蘇安徽兩省合闈，在南京舉行。照例鄉試非本省人不能考，否則即為冒籍。因順天鄉試在京師舉行，各省士子皆有應考權利，除各省宦遊子弟自願回籍應考以外，國家為體恤士子，免其長途跋涉，凡取得本籍地方官文結，地鄰甘結，同考五人互結，並納貲一百零八兩銀加捐一監生者，准予一體參加順天鄉試。

　　順天鄉試稱「北闈」，其中考生一為直隸省籍之生員，二為各省宦遊子弟未回籍應試而捐納之貢監，三為旗下子弟以官學資格參加，總數恆在七八千人以上。

　　北闈編號分為：

一、貝字號（直隸）

二、北皿字號（直隸、山東、山西、河南、陝西之貢監生）

三、南皿字號（江蘇、安徽、江西、浙江、福建、湖南、
　　　　湖北、廣東之貢監生）

四、中皿字號（雲南、貴州、四川、廣西之貢監生）

五、夾字號（奉天）

六、旦字號（宣化）

七、鹵字號（天津商籍）

八、山東省中之耳字號（孔、顏、曾、孟聖裔）

九、陝西省中之丁字號（寧夏）、聿字號（甘肅）

十、福建省中之至字號（臺灣）

北闈第一名之「解元」，例非直隸省籍不可，但第二名曰「南元」，特保留給直隸省籍以外之舉人，以示公平。

道光九年己丑科狀元安徽太湖李振鈞氏，係由捐納監生，中舉中進士，而大魁天下。

第三節　舉人之名額

鄉試錄取名額，視各省繳納田賦之數目，人口之多寡及文風之高下，以為差別。田賦數目，最關重要，因戶口向不準確，文風高下亦無定評。大概大省八九十名，中省六七十名，小省三四十名。譬如某省每年繳戶部田賦銀六十萬兩，應有舉人六十名，再加其他條件，用以訂定名額。咸同間，各省報效國家，捐助軍餉，總數達數百萬兩，因有增廣名額。凡捐十萬兩，加中一名，為一次增廣名額，捐款三十萬兩，為永遠增額，但增廣名額，亦另有限制，各省名額總共一千二百九十名。

監生納貲參加鄉試，順天鄉試將監生編為「皿」字號，以若干省為北皿，若干省為中皿、南皿。乾隆間規定南、北皿各中三十六，中皿二十一。

鄉試卷有官卷、民卷之分，此例始於康熙四十二年，卷面上蓋有官字，房官照例薦卷。初制達官子弟一體應試，官卷中式者多，妨寒酸進身之路。乾隆間規定大省二十卷中一名，中省十五卷中一名，小省十卷中一名。官生為京官文四品，外官文三品，武官二品以上及翰詹科道（翰林院、詹事府、六科給事中、各道御史）等官之子、孫、曾孫、同胞兄弟及同胞兄弟之子。官卷、旗卷皆不占民額，但不能中元解與經魁。

中額有另編字號以資識別者，如曲阜孔、顏、曾、孟，如商籍某籍，如邊省偏僻地方不易中式等，皆另編字號在本省定額內，照規定每若干人取中一名。後來除聖裔外，其他各籍均取消併入正額內。

第四節　鄉試之程序

鄉試由主考主持，房官閱卷，監臨總攬場務。考場分部隔絕，上下職責分明，場規周密，關防嚴厲。考生點名入場，按號就位，攜帶文具食物，向有定制。入場有搜檢，進場後封門

巡邏，考試九天，考生三進三出，食宿其間。

　　考生坐號三場不同，試卷初為墨卷，交卷後「彌封」，有「謄錄」抄成「硃卷」，謄錄制始於宋之大中祥符年間，用以防止閱卷人認識考生筆跡。謄錄後再由「對讀」核對有無錯誤，然後封送內部考官評閱。同考官以佳卷呈薦主考，最後由主考房官公開評定，錄取發榜，此鄉試程序之大概情形也。

第五節　主考　監臨

　　順天鄉試隸屬京師，主考三人，一正二副。於八月初四日，由禮部將由翰林出身之大學士，尚書，侍郎，副部御史以上各官銜開單請題，於初六日由皇帝欽派。奉旨後，大門上貼紅紙迴避條，拒見賓客，立即入闈。

　　各省鄉試主考二人，一正一副。在鄉試年份，由禮部咨取各衙門翰林出身侍郎以下京堂各官銜名及吏部考差官引見銜名，分繕清單，開明籍貫、俸次、科份，及曾經任過某省學差，某科、某省典試，某科順天鄉試會試分房。並應迴避省份，以距京路程之遠近，分期密題，由皇帝欽派。

　　各省主考出京，由兵部頒發勘合馳驛，按站前進，某站進食，某站住宿，亦均規定。不許攜眷，不許會客，不許遊山玩

水，不許多帶隨從。由經過之地方官，沿途供應伕馬，招待食宿，直至該省之省城為止。一入省境，即有巡捕來迎，以監臨封條封轎門。到省之日約在八月初，乘新輿並用主考官牌銜執事前導，先至城郊接官廳，偕督撫司道叩關行禮，與督撫亦不交談，避免暗通關節嫌疑。進城駐入行轅後，監臨封門，每晨送食物飲水一次，隨開隨閉，禁止出入，入闈日始行啓封。

正副主考官中途如有丁憂病故等事，由督撫奏請改派，試期已近不及改派者，奏令一人專辦。

順天鄉試欽派監臨二人，滿漢各一，漢監臨為順天府府尹，滿監臨用二三品官。

各省監臨一人，例由本省巡撫充任，惟四川、甘肅、福建三省以督撫不同城，改為總督，江南則江蘇、安徽巡撫輪任。倘巡撫因事不能入闈，奏請改為學政，亦有委布政使代辦者。

監臨糾察關防，總攝場務，以大員充任，正所以重視掄才大典也。

第六節　內外簾官

主考下為同考官，亦稱房官，俗稱房師，分任評閱試卷事宜，不許參與他事。

　　順天鄉試同考官，在主考簡放之日，於考差考取各員單內同時簡派，是日凡考取者皆往聽宣，在內庭者亦預令前往。事先各員準備衣被各物，奉旨後不准回家，隨同主考入闈。

　　各省鄉試同考官由監臨就進士舉人出身之現任實缺州縣官，調省考試，試以一文一詩，擇文字優良者，聘為同考官，餘則派任其他職務，統謂之「調簾」或「簾差」，是州縣官一種榮譽。房官多少視參加鄉試人數而定，多者十八人，少亦八九人，最多可至三十人。

　　監臨下為內外提調、內外監試、內外收掌、受卷、彌封、謄錄、對讀四所官、巡綽官、供給官、醫官。順天鄉試提調用府丞，監試滿漢各六人派御史。內收掌二人，外收掌一人，受卷官八人，彌封、謄錄、對讀官各四人，以進士舉人五貢派用。巡綽官四人由兵部派，均與同考官同日入場。供給官用通判等級官，醫官由太醫院派。

　　各省鄉試提調監試初用布政使、按察使，各副以道員。嗣以藩臬兩司掌一省錢穀刑名，入闈多日，政務停滯，改由監臨用本省科甲出身之道府充任內外提調、內外監試官。至內外收掌及受卷、彌封、謄錄、對讀四所官，每所自一二人至七八人不等，視省份大小、事務繁簡而定，巡綽、供給各員亦無定額。

　　場中職責分明，以用筆之顏色，明所負之責任。監臨、內

外提調、內外監試、受卷、彌封、外收掌用紫筆。同考官、內收掌及書吏用藍筆。謄錄生用硃筆。對讀生用赭黃筆。對讀官於硃卷內有改正處亦用赭黃。正副主考用墨筆。因主考看硃卷，不妨用墨，所謂五色筆也。為嚴明責任，不許亂用，違者參處，防微杜漸，用意至深。

　　初六日行入闈禮，設入簾宴，主考、同考官、監臨、提調、監試各執事官皆預宴。主考獨朝服乘顯輿，四無闌障，用大寶座蒙虎皮，左右踏足置木獅，轎竿裹綵綢，用八人肩赴撫署，惟江南至江寧府首府署。先行謝恩禮，禮畢入席，獻茶略坐，起立入闈時，雜職、雜役及簾官先行，內外提調、監試次之，正副主考又次之，監臨最後。主考在貢院至公堂下轎，入室更衣，至公堂後進有門，為出入內簾部份總門，監臨率司道送主考入簾，所有內簾各官及內簾之執事雜役一同隨入，監臨封門隔以簾，故貢院體制稱為內簾外簾。

　　主考、房官、內提調、內監試、內收掌為內簾官。監臨、外提調、外監試、外收掌、受卷、彌封、謄錄、對讀等官為外簾官。內外官不相往來，有公事則在內簾門問答授受。每日由供給官送進膳食柴炭各事，暫啓閉片時，雜役人等皆發腰牌，以資檢查，發榜後始開放。

表3　清代科舉考試考官場官表

試　別	考　官	場　官	科　名
童試	學政	提調 教官	生員 增生 廩生 貢生
鄉試	正副　主考―同考	監臨 提調―受卷 彌封 謄錄 對讀 收掌 印卷 搜檢 督門 巡綽 供給 監試	舉人
會試	正副　總裁―同考	知貢舉 搜查王大臣 稽查大臣 彈壓官 監試―提調―巡察 受卷 彌封 謄錄 對讀 收掌 搜檢 印卷 督牌 巡牆 巡綽 供給	貢士

殿試	讀卷大臣	監試王大臣 稽查大臣	監試 受卷 彌封 收掌 印卷 稽查 巡邏 填榜	進士
朝考	閱卷大臣			

　　清代科舉最初之考試官為學政，名曰院考。學政未考之先，童生須經過縣、府兩考方可院考，但縣、府考不足以定科名，故表內僅列童試，不列縣、府考。

　　鄉試、會試考官場官名稱，觀表可知其詳。惟順天鄉試主考、同考、監臨、監試、提調、受卷等名，與各省一律，而其搜查、稽查、彈壓之派大臣督率，與派巡察御史，則同於會試，而異於各省，以其考試在京師也。

　　殿試為皇帝親策，考官不敢主裁，故稱讀卷。場官稱為執事官，監試、稽查特派王大臣督率所派之監試各官，填榜專派內閣官，皆較鄉、會試為特別鄭重者。

　　閱卷大臣不限於進士之朝考，凡會試後之覆試，及優拔、與制科等，在保和殿或貢院考試之派閱卷者，皆稱為閱卷大臣。場官照會試、殿試之例而略省。

第七節　貢院

　　鄉試貢院為試場官員辦公及考生寫作之所。順天鄉試貢院用京師會試貢院（詳後會試節），各省鄉試貢院體制相同，規模大小不一，全視歷屆考生多寡而異。

　　貢院均坐北朝南，最南有廣場，東西有牌樓，廣場三面圍木柵，形成一大院，院北始為貢院大門，茲就廣東省貢院全部略圖（圖 1）加以說明，可概其他。

　　貢院分三部份，第一部份首為鼓樓，中為頭門、儀門，均係過道，門後各有院落。儀門後之龍門，有並排三座門，為貢院最重要大門。龍門後有大廣場，中有三層樓建築物之明遠樓，為監臨、外提調、外監試隨時登臨之所，用以瞭望士子有無私相往來及執役人員有無傳遞情事。自頭門至明遠樓前後廣場之東西兩旁曰東文場、西文場，為士子寫作食宿之號舍。大省七八千至萬間，小省亦四五千間，每人一間，亦有因考生眾多，臨時搭蓆棚應用，考畢拆去者。

　　第二外簾部份，其中至公堂為監臨、外提調、外監試辦公處。監臨、提調、監試住室，各有院落。其餘為外收掌、受卷、彌封、謄錄、對讀、巡綽各官員及其他執役人員辦公居住之所。

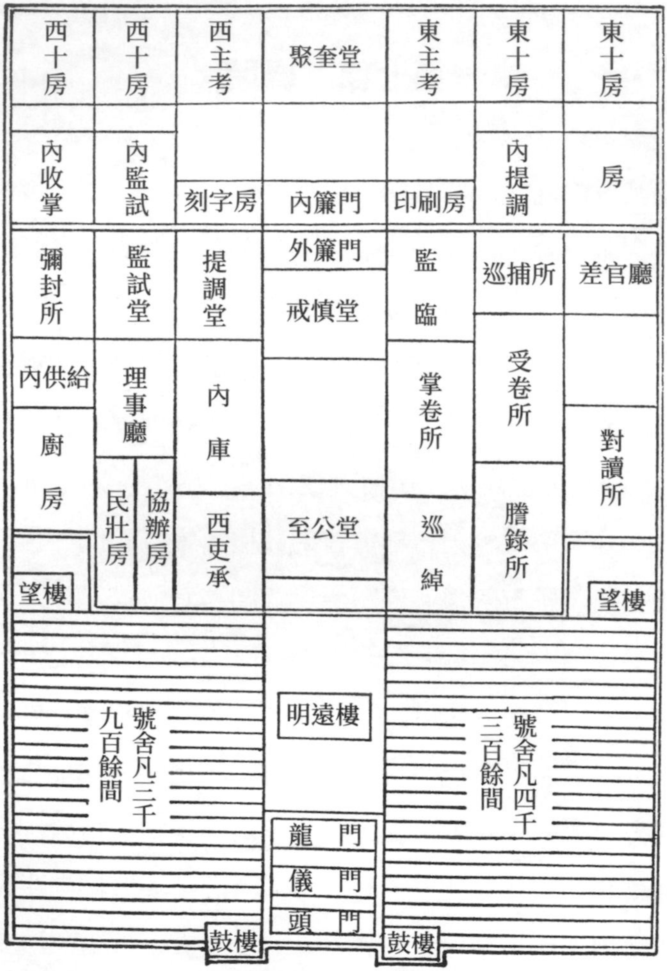

西十房	西十房	西主考	聚奎堂	東主考	東十房	東十房
內收掌	內監試	刻字房	內簾門	印刷房	內提調	房
彌封所	監試堂	提調堂	外簾門 / 戒慎堂	監臨	巡捕所	差官廳
內供給 / 廚房	理事廳	內庫		掌卷所	受卷所	對讀所
望樓	民壯房 / 協辦房	西吏承	至公堂	巡綽	謄錄所	望樓

號舍凡三千九百餘間　　明遠樓　　號舍凡四千三百餘間

龍門
儀門
頭門

鼓樓　鼓樓

圖 1　廣東省貢院全部略圖

另有瞭望樓、倉庫、廚房。

第三內簾部份之聚奎堂，各省多稱衡鑒堂，亦有稱衡文堂、掄才堂者，為主考、房官校閱試卷之所。堂之東西為主考房官住室，各有院落。再南為內提調、內監試、內收掌住所及刻字房、印刷房。

分隔以上三部份之兩道內牆，各高五公尺。圍繞三部份之外牆，高六公尺。內外牆上均置鐵棘，故貢院亦稱「棘院」。

考試前，貢院牆壁稍有隙縫，嚴密修補，防止藏匿字條文稿。考試時，院外軍隊站崗，巡綽官晝夜巡視，防止傳遞。

考生有死亡者，隨時經高牆吊出院外。

貢院號舍參閱江南貢院號舍圖（圖2），其中三層樓高建築物為明遠樓（圖3），南為甬道自龍門，北達至公堂。每號舍門上有某字號（圖4），其間有數十間至百間者，均南向成排，形成一條長巷，巷口有路燈、水缸。每一號舍用「號軍」一名，照顧考生一二十名之飯食茶水。號軍數百名臨時招募，不給工資，全恃房舍內考生賞賜。

考生攜帶文具、衣被、炊具、食物、雜物到貢院，經搜檢、點名、領卷進號舍後，即封號門，三天考畢出場。

號門號舍平面暨號門號舍透視圖（參閱圖5），上面瓦頂，每間隔以磚牆，南面無門，考生進舍後，用油布做簾，以蔽風

圖 2　江南貢院號舍

圖 3　江南貢院明遠樓

圖 4　江南貢院號舍門

號門號舍平面圖　　　　號門號舍透視圖

圖 5　江南貢院號門號舍平面暨號門號舍透視圖

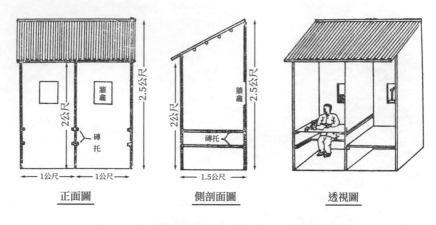

圖6 江南貢院號舍正面、側面暨透視圖

雨。舍內高二公尺五，寬一公尺，深一公尺五（參閱圖6），俗稱「立不能直腰，睡不能伸足」。在東西磚牆離地面一公尺及數十公分兩處，砌有上下兩層磚縫，安置木板，日間坐下層板，伏上層板寫作，夜晚抽上層板安到下層，做成短小臥舖。再北面磚牆內有小磚洞，用以安置油燈雜物。

民國後，南京市政府所在地，即從前江南鄉試貢院地址，市政府利用「明遠樓」為大門，並在大門旁保留幾間考場「號舍」，每一號舍頗似鄉間之土地廟，用以留備後人追念。

號舍內公家原供給蒸飯，考生以飯粗劣各自炊煮。日間烈日薰蒸，爐火灼炙，較室外熱。入夜長巷一條，風雨難蔽，與室外同。南牆邊有水溝，以通水道，遇雨道路濘泥。巷尾有廁

所，近廁號舍，臭氣難當，加以蚊蠅肆虐，三晝夜間困苦可知。

時值八月上中旬，黃河流域氣候比較涼爽，珠江流域正酷暑中，長江流域仍然極熱，故各省鄉試士子多在困難中。即如江南鄉試，江蘇安徽兩省合闈，考生幾及萬人，地狹人稠，號舍內溫度甚高。當年貢院房舍設備簡陋，醫藥缺乏，加以考生得失心切，迷信因果，精神緊張，因而時聞疾病死亡。昔人有詩云：

> 三場辛苦磨成鬼。
> 兩字功名誤煞人。

光緒初年余鄉有蔡老先生者，年邁下科，死在貢院，時人輓詩有句云：

> 可憐明遠樓頭月。
> 曾照先生廿四回。

此老應恩正鄉試二十四科，年齡當在八十以上，畢命於斯，可見科名之誤人矣。

第八節　鄉試之場規

鄉試場規在考試前後，考場內外，皆嚴立規條，防止作弊。茲略舉數項：

一、懷挾片紙隻字與請人代作文字及受請託之人，枷示問罪。

二、場內供應人役預將文字埋藏號舍及出入處所，或巧為傳遞，或外簾官員餽送考生飲食，嚴厲處罰。

三、員役走漏題目，以磚石擲出場外，用馴養鴿鵪繫鈴縱放作記號，再用磚石包裹文字擲入場內，即拏究並及窩藏槍手之家。

四、冒籍中式者，所有收考，送考，出結官皆議處，主考官免職。

五、主考士子交通關節者斬決，家人流徙。

清代搜檢關防之法至密，考具亦有定制。如考籃或竹或柳，編成格眼，底面如一，卷袋不得裝裡，硯臺不得過厚，筆管鏤空，水池用瓷，蠟臺單盤空柱，帽襪用單氈，袍褂衣褲用單層，鞋用薄底，不得帶厚褥，糕餅食物切開，可謂無微不至。

科場迴避之條，為防止朝官子弟易於認識，鉤通作弊而設。

乾隆初規定鄉會試主考官、房官、知貢舉、監臨、監試、提調之子孫及宗族例為迴避，不許入考。二十一年，更推及受卷、彌封、謄錄、對讀、收掌等官子弟近戚亦一併迴避，統謂之：「開報迴避」，迴避各條文甚多。

三場考試出場之日，有若干士子完卷，即開號舍柵門，隨即扃閉。士子交卷經取籤、驗籤、繳籤後，始准出龍門。每次集若干人，開放龍門一次，謂之放排。午前放第一排，午後放第二排，傍晚放第三排，即不再閉，因成初清場，打掃房舍，夜半即須再點名入場也。惟第三場因中秋節，提前於十五日放牌，其未完卷之士子，須俟十六日清場。

第九節 考試之內容

鄉試三場考試之內容，首重考經，使闡發聖賢之微旨，以觀其心術。士子各報考一經，解經標準概宗宋儒程朱學說，「四書」以朱子集註，《易經》以程朱二傳，《詩經》以朱子集傳，《書經》以蔡氏傳，《春秋》以胡氏傳，《禮記》以陳澔集說為主。次考策論，使通達古今之事變，以察其才猷。數百年間，考法時有變更，乾隆間，第一場考制藝，包括《論語》、《孟子》、《大學》、《中庸》題各一，五言八韻試帖詩一首。第二場

考《詩經》、《書經》、《易經》、《禮記》、《春秋》五經義，每場三篇，每篇以七百字為準。第三場考對策五道，每問不得過五百字。

自光緒壬寅科，廢除八股文試帖詩，改試經義策論，仍每場三篇。廢謄錄硃卷，考官看墨卷，書法要工整。卷中如有添註塗改，必須在每篇文尾，用雙行註明「添註若干字，塗改若干字，共添註塗改若干字」，以免他人改竄。文卷騎縫處蓋監臨關防，防止卷紙割裂。

文字中如有犯廟諱御名聖諱或其他重大錯處，用「藍榜」貼於考場門前，敘明緣由，取消應試資格，次一場不能入場。

第十節　試卷之評閱

考試糊名，即今之彌封，由來已久，始於唐之武則天時代。清代於彌封之外，另加謄錄，恐閱卷人認識寫卷人筆跡，更加對讀不使錯誤，自係最周密之防弊辦法。惟此經過，備極繁難，每一謄錄生抄寫無數卷，被限時刻，遲則刑責隨之，晝夜不息，困苦異常。

頭場考畢，試卷經彌封、謄錄、對讀，由外簾封送內簾。十二日內監試請主考升堂「分卷」，屆時主考公服、內監試、內

收掌、各房官均到。照例主考同考官校閱試卷，均在聚奎堂，後多循例在堂薦閱數卷，即退歸住室校閱。同考官對佳卷加圈給評，呈送主考，謂之「薦卷」。所有官員子弟及教官卷面上另有「官」字，照例呈薦。第一場已薦，二三場續薦，倘二三場卷佳而第一場未薦者，一併加批補薦。惟各房所分考卷，或有多寡不同，評閱期間，可由主考再用條諭，另行調撥分配，以均勞逸，而早竣事，謂之「撥房」，係於雍正七年議定。

正副主考就各房官所薦之三場考卷，詳加評閱，有時調閱外簾墨卷，以資核對，慎重錄取。至未薦之卷及薦而未中之卷，統謂之「落卷」，在榜後十日內，由順天府及各省布政司，發交考生領回。

在昔考八股時期，八股文空洞虛玄，閱卷人往往一眼看高，一眼看低，容易屈抑佳卷。光緒二十八年廢謄錄硃卷，書法優秀者，每給考官以良好印象，被薦機會較多。尤其試卷太多，即如江南鄉試，江蘇安徽兩省合闈，考生幾及萬人，每場三篇，每人九篇，所有經義策論，不下數萬篇之多，自無法完全校閱。

楊士聰氏曰：

> 余每閱卷，不須由首徹尾，不拘何處，偶覻一二行，果係佳卷，自然與人不同，然後從頭看起。場中搜察落卷，

多用此法，即數百卷，可以頃刻而畢，無能遁者。

錢大昕氏《湖南鄉試錄》序曰：

> 余等自閱卷之始，至於撤棘，計十八晝夜，文卷浩繁，
> 而時日有限，謂所去取者，必皆允當，而無一遺才，誠
> 未敢自信也。

諺云「讀書不言命，考場莫論文。」證以楊錢二氏之言，可知得中與否，其中固多有幸與不幸矣。道光間，朝廷有諭責成各直省督撫，務將簾官認真考核，不得以老邁充數，典試官必須將闈中試卷全行校閱，不得僅就薦卷取中云云，事實困難，終鮮實效。

道光二十七年，陝西徐法積氏典試湖南，於五千餘落卷中，搜遺若干卷取中，中左文襄公宗棠第十八名舉人。後來左公西征捻回，治軍陝甘，道經徐之涇陽故里，掃墓立碑，追念知遇，是亦科舉時代之一項掌故也。

第十一節　鄉試之放榜

鄉試放榜期初規定大省九月五日前，中小省八月終。後應試人眾，試卷增加，校閱不及，光緒十三年寬限江南九月二十五日內，中省初十日內，小省初五日內，時值秋季桂花盛開，俗曰桂榜，雅稱「乙榜」，因會試榜稱「甲榜」也。

放榜之日，主考副主考會同監臨、學政、房官、提調、監試各官齊集聚奎堂（亦有在至公堂者）。設公案，主考居中，監臨在左，學政在右，內外簾官以次列坐於東西，拆試卷彌封。先由第六名開始。將彌封冊上姓名、號數，核對無誤，副主考寫硃卷上姓名，主考寫墨卷上姓名，然後寫某某中式名次，交由寫榜人寫榜。此項工作約一整天，最後拆前五名彌封。時屆夜分，加燃紅燭，全體官員齊到，表示特別隆重。先由第五名拆起，每唱一名，書寫一名，依次倒寫至第一名完畢。第一名曰解元，第二名曰亞元，前五名曰經魁。經魁出某房，即將紅燭一對，置於某房官案前，以表榮譽，所謂「華燈照五魁」。第六名曰亞魁，其餘均係舉人，雅稱孝廉，惟江南鄉試江蘇安徽兩省，分下江、上江，每科解元亞元由兩省輪流選中。

五經魁首稱謂，始於明代，明以《詩》、《書》、《易》、

《禮》、《春秋》五經取士，每經首選一人曰經魁。清代鄉試初亦令士子呈報專精某經，中額亦分經取中，乾隆五十三年廢分經錄取制度，而五魁美名猶在。

正榜揭曉後，發表「副榜」，中副榜者曰副貢。副榜人數照比例，每五名正榜，取一副榜。佳卷因額滿見遺，或極好卷而其中有瑕疵者，均列入副榜。副榜額滿，再有好卷，列入「堂備」，或曰「備卷」。因正副榜卷面上皆已寫好姓名、名次，如臨時發現其中一二卷有瑕疵必須更換者，即以堂備按名補入，以免牽動全榜，惟此種機會極少，堂備中舉希望極微。

鄉試放榜，順天蓋順天府印，福建、甘肅、四川蓋總督關防，各省蓋巡撫關防，載以黃綢彩亭，用鼓樂儀仗護送，張掛於官署大門外。順天名單由府尹奏呈，各省由督撫奏呈。

《皇朝通考》載：

> 滿蒙子弟中舉後加考騎射，其中不堪者，監箭官及中舉人從重治罪。

榜發後，正副榜卷送還內簾，由主考交各房官，將原卷上用便紙條所寫之「浮批」取下，照例另擬評語八字寫試卷上。房官曰薦批，副主考曰取批，主考曰中批，再由監試交內收掌

呈監臨轉咨禮部。

　　督撫於鄉試放榜後數日，設「鹿鳴宴」，宴請主考、學政、同考官、各執事官暨全體新科舉人，慶賀國家考選得人。為新舉人插戴金花，頒給綢緞匾額旗桿銀二十兩，以示嘉獎。順天舉人到府丞衙門，各省舉人到學校衙門，填表親供。

　　中舉滿六十年，再參加新科舉人之鹿鳴宴，謂之「重宴鹿鳴」。定制三品以上大員專摺奏請，按三品官原不能專摺奏事，惟因此舉特別例外。四品以下由本省督撫奏請，無官職之舉人由本籍知縣稟請督撫奏請，皆例由朝廷加給官銜，為高齡舉子之殊榮。

　　鄉試後，主考照例擇若干篇好文，發交貢院刻字處，刻成「某省闈墨」，舉人副貢亦自刻硃卷。硃卷體例首先為舉人之姓名、年歲、籍貫，次及族戚。自始祖起，凡歷代祖先之功名職業可考查者，完全列入，直至本身之父、母、妻、子、兄、姊、妹，以及受業師長。再後則為中式名次暨「受知師」之監臨、主考、同考官銜名，及考卷評語。最後試卷中幾篇文，自是硃卷中之主要部份。據老輩云，刻硃卷原為揚名聲顯父母，但在專制時代，舉人犯國法，族人有罪，有硃卷可作查究資料，或係預有深意。至於中舉後送主考、房官、業師贄敬、祭祖、開賀、拜師長親友，自為例應之事。

　　舉人已入縉紳階段，在社會上稱謂等等，國家給以七品官待遇。

　　鄉試有正科恩科，亦有「停科」。停科有三種，一為國家停科，國有大喪，一定停科。因國內禍亂，交通梗塞，不得不停科，惟此項停科可以補考，謂之補行某科。二為一省停科，如雍正四年，以浙江省考試風氣太壞，停科一年。三為個人停科，凡試卷中犯廟諱、御名、聖諱或其他重大過失，輕者罰停鄉試一科，重者罰停兩三科。

第十二節　試卷之磨勘

　　中式舉人之硃墨卷，定制自揭曉日起，限期解送禮部磨勘。順天揭曉次日到部，各省按路程遠近，亦有定期，如違限十日，府尹督撫罰俸、議處、罷官，蓋防考官撤闈後修改試卷也。

　　磨勘即覆核，前代所無，即明代亦不顯。磨勘首嚴弊倖，次檢文字，條例甚多，輕者舉人罰停會試一二科，重者黜革。試卷有毛病在若干卷以上，主考、同考官革職或逮問，謄錄錯誤，亦有責任。乾隆二十二年，嚴申磨勘制度，因此士子行文用字，不敢苟且。然吹毛求疵，近於苛刻，文字含糊不明者，竟有疑為通關節矣。

　　鄉試後原有覆試，始於順治十五年，係於會試之前，仍在本省舉行。嗣因種種困難，百餘年間，有時實行，有時停止，至有磨勘制度，不再舉行覆試。

第六章 舉人之大挑

　　每科鄉試順天及各省錄取舉人一千二百九十名，十年達五千餘人。清初給舉人以「揀選」知縣機會，由各省督撫給咨，赴吏部候選，任教職者，不拘省份，但任官者不過十之一。乾隆十七年，為疏通壅滯，創立「舉人大挑」制度，凡舉人三科會試不第者，不許再會試，可應六年舉行一次之舉人大挑。嘉慶六年有旨云：

> 大挑舉人，原為疏通寒酸，以免淹滯，其中年力精壯者，自應列為一等，俾得及鋒而試。即年齒稍長而精力未衰者，亦可與民社之選。若年力近衰之人，則應列為二等，俾應司鐸，以遂其讀書上進之願。

　　舉人如應大挑，即於是年取具同鄉京官印結，呈請禮部，咨送吏部，屆時先由吏部堂官驗看，再請旨派親貴王爵或貝勒、貝子，公開挑選。

　　大挑重相貌、氣宇、應對，免除筆試。相傳相貌以「同、田、貫、日、氣、甲、由、申」八字為標準。「同」者面方體正而長，「田」者端凝方正而短；「貫」者頭大身長，「日」者骨格精幹，長短適中，此四者為合格。「氣」者形相不正，「甲」者頭大身小，上寬下削，「由」者上削下粗，「申」者上下皆削而中粗，此四者為不合格。

　　大挑按省份，科份，均勻分班。初以十人為一班挑五人，一等二人，二等三人。嗣以應選者眾，改為二十人一班挑十二人，一等三人，二等九人。舉人經唱名排班後，入場跪向主試人欽差，依次高聲自背履歷，主試人先令不合格之八人起立退出。典試大員再就應試人中之貌優，氣宇軒昂，言語詳明者，列為一等，以知縣用，二等以教職用。

　　舉人出路原有四種：

一、明通榜，是於會試落第舉人中，擇文理明通者，由吏部帶領引見，令其回籍候選學正教諭，此制始於雍正五年，乾隆間另立一榜。

二、中正榜，即於會試落卷內，挑選內閣中書及國子監學錄，在乾隆間，此制共行三十年。

三、挑謄錄，即每遇國家修編典籍，選有文史學識及書法工整者充任謄錄，其中以修《四庫全書》為最著。

四、考取官學教習後，亦得議敘職官。

五、舉人大挑，此制最為持久有效，故於上文詳述之。

第七章　會試

　　會試三年一次，逢辰、戌、丑、未之年二月，在京師舉行。所有順天及各省鄉試舉人、候補京堂之有會試資格者、功勳子弟之賞給舉人者，皆可向禮部報考，惟現任知縣及奏改教職之舉人除外，此試是集合全國舉人在京會考，故曰會試，亦稱禮闈。亦曰春闈。

　　各省舉人赴京會試，初規定沿途由公家車船供應，名曰「公車」，後來改發旅費，各省按路程遠近，數目多寡不同，由本籍知縣代發，呈藩庫報銷，沿途關卡不得留難，遇有困難，由地方官代雇交通工具。光緒戊戌康有為氏聯合各省舉人一千二百八十七名，請求清廷變法，所謂以「公車上書」，即由於此。

　　會試主考官一人，曰大總裁，由大學士充任，副總裁三人由一二品大員充任。同考官評閱試卷，初為二十人，翰林院十二，六科給事中四，吏、禮、兵部官各一，刑、工部官每科輪用一員，其後改為十八人，稱十八房。所有正副總裁同考官均係翰林出身，由皇帝欽派。

　　會試「知貢舉」，即鄉試之監臨，欽派滿漢一二品大員各一人充任。三品大員禮部官二人充正副提調，御史充監試。此外搜查、稽查、彈壓均派大臣。至於收掌、受卷、彌封、謄錄、對讀、巡綽等官，皆與鄉試相同。

　　會試貢院規模宏偉，房屋甚多，最南面有東西轅門，名曰外磚門，門後有極大院落，往北為內磚門，門後又一大院，再北有四門並列（鄉試場三門並列），即為「龍門」。由龍門後進一層之貢院門，再北還有柵欄門，進去才是貢院舉子寫作之所。自甬道至北面至公堂，兩旁有幾十排房屋，每排有幾十間房，每房高兩公尺，寬不及兩公尺。前面有一公尺寬小院，院牆外為另一排房屋之後牆，統謂之號舍，與各省鄉試貢院之局格相同。

　　舉人會試約六七千名，會試貢院必須如此龐大者，因順天鄉試亦在京師舉行，北闈人眾，鄉試會試皆用此貢院也。

　　會試前有覆試，由禮部照例舉行，無關得失，但非經覆試，不能會試。倘因故缺考，會試後補行覆試。

　　會試考三場，第一場為初九日，第二場十二日，第三場十五日，應試人三進三出，與鄉試同。由皇帝命題封固，經順天府尹捧送考場。考試內容，彌封閱卷及放榜手續，亦與鄉試大致相同，文貴「清、真、雅、正」，與鄉試文之重文氣勃茂者

有別。

　　會試中額大概每科三百名，乾隆五十二年始規定分省，各省名額以各該省應試舉人實數及省之大小為標準，故非全憑文藝。

　　四月十五日會試放榜，張掛禮部，中式者曰「貢士」，第一名曰「會元」，前十名曰「元魁」。

　　貢士經保和殿覆試，由王大臣評閱試卷，分一、二、三等，列等者始准殿試。此項覆試，因與日後新進士甲第有關，故極關重要，貢士因親喪或重病不能參加殿試者，可以告假，謂之「告殿」。貢士告殿，三年後補行覆試再殿試，照例不能點鼎甲。蔡元培氏光緒十六年庚寅科中貢士後告殿，至十八年壬辰科點翰林，即為一例。

　　再會試自考畢至放榜，相隔月餘，貢士因故未能參加覆試者，須待三年後參加下一次會試後之覆試。在此期間，只能稱貢士，不能稱進士，《大清會典》載明不能紊亂。

第八章　殿試

　　四月廿二日殿試，亦稱廷試，在保和殿舉行，皇上臨軒發策，鴻臚寺預於殿內設黃案，光祿寺排試棹，鑾儀衛設鹵簿法駕於殿前。新貢士袍服冠靴於丹陛排立，按中式名次，單名東，雙名西，王公百官朝服分立丹陛內外，皇帝臨軒，作樂鳴砲，大學士就黃案捧策題，授禮部堂官、讀卷官、執事官、貢士行禮，就殿內對策。嘉道以後，御殿之禮不行，一切簡略多矣。

　　殿試為皇帝親策，發策制曰：「直言無隱朕將采擇」，又曰：「朕將親覽焉」，所以被命之大臣不曰閱卷而曰「讀卷」，此事始於宋代。乾隆二十五年訂讀卷官八人，用大學士二人、部院大臣六人，由禮部開列大學士及由進士出身之尚書、侍郎、左都御史、左副都御史、內閣學士銜名奏請欽簡。

　　派王大臣監試，護軍統領稽查中左、中右兩門，侍衛護軍巡邏。又派御史四人隨同王大臣監試，用禮部尚書為提調。其餘受卷四人，彌封六人，收掌四人，印卷二人，於內閣、翰林院、詹事府、光祿寺、鴻臚寺、給事中、禮部司官內分別選派，

填榜十二人用內閣中書。

殿內除御座外，不設座位，王公大臣監考，亦席地而坐。

殿試棹原為坑几式，高僅三十公分，應試人須坐地盤膝，多不習慣。因自攜帶由市面購買之能折疊小木箱，箱內裝文具，人坐箱上寫作，早為上下默契。再殿宇高深，座位有明有暗，因排定座位，早已廢止，應試人隨意就坐，向隅者多移坐殿廊下，風雨堪虞，以極莊嚴最隆重之殿試考場，而其間設備欠周，秩序紊亂，殊不可解。

殿試例不給燭，乾隆間嚴申禁令，光緒元年令逾限交卷者，降三甲末並停朝考三科。

試卷夾宣裱成，內共七層，極為考究，俗稱「大卷子」。卷長四十公分，寬十二公分，除卷面卷背共計十開，每開兩面，每面六行，每行畫紅線直格無橫格，應寫二十四字，直格上面空十二公分，下面空五公分。

試卷內容，第一開第一面為卷面，第二面寫三代履歷，文為應殿試貢士臣某，年若干歲，係某省某府州某縣人，由附生（或增廩生）應某某年鄉試中式，由舉人應某某會試中式，今應殿試，謹將三代腳色開列於後。下開曾祖某、祖某、父某，已仕、未仕，於名下註明。第二開第一面空白，交卷後由彌封所用此面摺疊成筒，再用紙釘固糊好，加彌封關防。以下數開

寫策文，卷面及卷背騎縫蓋禮部印，卷背印朱文大字木戳，文曰印卷官禮部某司某官臣某某。

對策用以測驗貢士對於時務及國計民生之意見，起收有一定格式，起用「臣對臣聞」收用「臣末學新進，罔識忌諱，不勝戰慄隕越之至，臣謹對」，「臣」字旁寫，禁止添註塗改。文中頌聖句如「欽維皇帝陛下」及「甘冒宸嚴」兩句，其中「欽維」，「甘冒」數字，必須寫在某行之末二字。又「皇帝」及「宸嚴」數字，須另一行雙抬，策冒須有雙抬兩行，單抬一行，每條策末均須有雙抬一行，種種束縛規格，均係表示專制時代皇帝之尊嚴。

策詞共四道，每道三四百字，總共不及千字者以不入式論。欲得高第須將全卷寫滿，約兩千字。至於對策內容，不外吏治、財務、禮、兵、刑、工、河防、鹽政等十數項，策題發下，按照每門預擬條文，參入題旨，即可點綴成篇。惟應試人對上述專門學識，素少研究，策詞亦不過空疏應對而已。

外給一草本，較正卷略小，縱橫與正卷同，橫格每行二十四字，先載策文於草本上，然後用大卷與草本比照繕寫，以免錯誤。

試卷積習，頌聖極多，文字空泛，注重書法。大卷字首重字體，要黑大光圓，次為行款，每行字須平整均勻，橫看直看，

整齊如畦。

　　讀卷官閱卷，加圈、尖、點、直、叉五種標識，即「。」、「△」、「、」、「──」、「╳」五等。策語不妥或字有別體錯誤者，均用黃簽粘於其旁，不批卷上，表示候皇帝親閱。閱卷時，先將本人分得之卷定標準高下，再輪閱他人之卷，謂之「輪棹」。至評閱表上，如有標識懸殊，即進呈候旨。大抵第一閱者用圈，則後閱者不用點，第一閱者用直，則後閱者不用尖，所謂圈不見點，尖不見直。再所有八位讀卷官標識紀錄，皆按官階次序，排在卷背上，綜計前列者加圈必多，標識多在四五等者甲第必後。

　　清初《會典》載，殿試後三日帝御中和殿，讀卷官至丹墀行禮後入殿。居首者執卷至御前跪讀畢，御前大臣接卷置御案，其餘讀卷官以次進讀，如奉旨免讀，即捧卷同跪御前候欽定。是御前讀卷原為實事，後則僅存虛名，悉由讀卷官裁定矣。

　　四月二十四日讀卷大臣進呈前十名殿試卷，此制始於康熙二十四年。是日帝御養心殿，閱畢欽定名次，召讀卷官入拆彌封，即於御前用硃筆填寫一甲三名次序，二甲七名亦依欽定名次書之。隨即傳前十名引見，謂之「小傳臚」。凡應試之貢士，皆須往候聽宣。民眾亦可隨親友入內看熱鬧。聽宣之前十名，如傳呼不到致誤引見者，降置三甲末。

　　至十名以下之卷，由讀卷官在內閣拆彌封，照排定名次，於卷面書第二甲，第三甲第幾名，據以填榜，謂之「金榜」。金榜用黃紙表裡二層，以中書四人寫小金榜，四人寫大金榜。小金榜恭存大內，供皇帝御覽，大金榜請用「皇帝之寶」，於傳臚日張掛。

第九章　傳臚大典

　　傳臚唱名，始於唐代。《史記・叔孫通傳》註云：「上傳語告下為臚」，宋代《夢溪筆談》云：「進士在集英殿唱第日，皇帝臨軒，宰相進一甲三名卷子，讀畢拆視姓名，則曰某人。由是閣門承之以傳於階下，衛士凡六七人皆齊聲傳其名而呼之，謂之傳臚」。

　　四月二十五日傳臚，會典中規定傳臚原文如下：

　　　　文進士傳臚樂儀
　　　　是日早。設鹵簿法駕於
　　　太和殿前。設中和韶樂於
　　　太和殿東西簷下。設丹階大樂於
　　　太和門內。俱北向。王以下。入八分公以上。在丹陛上。文武各官在丹墀內。俱朝服排立。諸貢士俱公服。戴三枝九葉頂。在丹墀內。於各官之次兩翼序立。禮部鴻臚寺官設黃榜案一。

於

太和殿內東旁。復設黃案一於丹陛上正中。設雲盤於
丹陛下。設龍亭於午門外。禮部堂官奏請

皇帝具禮服。出宮。

午門鳴鐘鼓。禮部堂官恭導。

皇帝御太和殿。中和韶樂作。奏隆平之章。

皇帝陞座。樂止。內鑾儀衛官贊鳴鞭。階下三鳴鞭。鳴
贊官贊排班。丹陛大樂作。奏慶平之章。鴻臚寺官引
讀卷官執事官排班立。鳴贊官贊進。贊跪叩興。讀卷
官執事官行三跪九叩禮。畢。樂止。內閣大學士一員。

自黃案捧榜至

太和殿簷下。授禮部堂官。禮部堂官跪接。由中陛左
旁下跪。置於丹陛下正中所設黃案上三叩頭退。鴻
臚寺贊排班。引諸貢士至行禮處。次第排立。贊有
制。諸貢士跪。鴻臚寺官於東陛東旁立。傳

制。制曰，奉

天承運。

皇帝制曰。某年某月某日。策試天下貢士某某等若干名。
第一甲賜進士及第。第二甲賜進士出身。第三甲賜同
進士出身。故茲誥示。傳

制畢。唱第一甲第一名姓名。鴻臚寺官引狀元出班
前跪。唱第一甲第二名姓名。引榜眼出班前跪。
唱第一甲第三名姓名。引探花出班前跪。又唱第
二甲第一名某人等若干名。唱第三甲第一名某人
等若干名。不引令出班。仍於原跪處跪。鳴贊官
贊叩興。丹陛大樂作。奏慶平之章。諸進士行三
跪九叩頭禮。興。退立原處。樂止。鳴贊官贊舉
榜。禮部堂官進置榜黃案前跪。捧榜自中陛下。
置於雲盤內。禮部官恭捧。張黃蓋由中路出

太和門

午門中門。禮部堂官及一甲進士三名隨出。鴻臚寺
官引諸進士出

昭德門

貞度門左右掖門出。內鑾儀官贊鳴鞭。階下三鳴鞭。
中和韶樂作。奏顯平之章。

皇帝還宮。樂止。王以下文武各官皆出。

捧榜官捧黃榜至

午門前。連雲盤置於龍亭內。三叩頭。校尉舉亭。
導迎樂作。奏祐平之章。

御仗批頭前導。至

　　　　長安左門外張掛。狀元率諸進士等隨出觀榜。順天府
　　　　傘蓋儀從。送狀元歸。眾皆退。禮成。

　　以上為傳臚大典。按清制每逢萬壽、登極、大婚、凱旋、
元旦諸大典，皇帝必御太和殿。後來元旦亦不登殿。此外只有
傳臚。由此禮節中，可特別看出幾點：

一、皇帝親自監視發榜。皇帝出門，設鹵簿法駕前導，鹵
　　簿法駕即輦輅全副儀仗。

二、設丹陛大樂。皇帝平常禮節，用中和韶樂，非大禮節
　　不用丹陛樂。

三、午門上鳴鐘鼓。午門為皇宮最重要門，門上有五座樓，
　　設有鐘鼓，非有大禮節不擊鐘鼓。

四、王及入八分公立丹陛上。王為最高爵位，下為貝勒，
　　貝子，公爵。公爵分兩種，一為入八分公，一為不入
　　八分公。入八分公有朱轂紫韁，豹尾槍，寶石頂珠等
　　八種。不入八分公戴珊瑚頂珠。王公照例參加皇室禮
　　節，漢人禮節甚少加入，此則特令侍立。

五、禮部堂官捧榜自中階下，丹陛中階石惟御駕得踐，此
　　則特許走御道。

六、由太和門、午門中門走出。太和門、午門之中門非御

躍不啟，此則特許禮部堂官、一甲第一、二、三名新
進士自中門走出。

傳臚後，頒上諭第一甲第一名某授職翰林院修撰，第二名
某，第三名某授職翰林院編修。第一為狀元，第二為榜眼，第
三為探花，第二甲第一名為傳臚。

傳臚後，順天府尹於東長安門結綵棚，設長案陳列由禮部
頒賜之金花綢緞表裡。迎七甲第一，二，三名進士遞法酒，簪
花披紅，備馬三匹，三人上馬中道出。鼓樂執事彩旗前導，由
東北行經東四牌樓至新街口順天府尹署。樂作開宴，於大堂南
向設三席，一甲三人每人一席為客席，北向一席為順天府尹主
席，就座舉酒即起，迎送皆於署內外列隊致敬奏樂。禮畢，順
天府尹送三人上馬，用原鼓樂彩旗經北門，西四牌樓出正陽門。
榜眼探花送狀元歸第，次探花送榜眼歸第，次探花歸第，文人
筆記中敘述狀元歸第盛況頗多。

清初順治九年壬辰科，會試，殿試分滿漢兩榜。蒙古歸滿
榜，漢軍歸漢榜，滿榜兼試滿文，康熙九年以後滿漢合榜，不
復試滿文。

二十六日即傳臚翌日，禮部賜新進士宴於部中，明代曰「瓊
林宴」，清曰「恩榮宴」，仿唐之曲江會。讀卷大臣，鑾儀衛使，
禮部尚書，侍郎以及監試，受卷，彌封，收掌，護軍，參領，

填榜，印卷，供給，唱贊各官咸與宴。

二十八日於午門前賜狀元六品朝冠、金質簪花一枝、朝衣、補服、帶靴。諸進士彩花，牌坊銀各三十兩，一甲三名各加五十兩。舊例謝恩表由前科狀元代作，鼎甲三人同往求之並致謝儀，以其知表之體制也。

五月一日狀元率諸進士詣孔廟行釋褐禮。先行釋奠禮，釋奠者，置爵於神前而祭也。孔子及四配以一甲第一名主獻，東西十哲位以一甲第二，三名分獻，東西廡以二，三甲第一名分獻。禮畢，行釋褐禮，更易補服。釋褐之意，乃釋去賤者之服，改易官服，士人之能得科名，皆受聖人之賜，故向孔聖行禮。嗣詣彝倫堂拜祭酒司業，晚清裁撤國子監，無此禮節。

會榜殿試後，會榜進士公請是科總裁同考官筵宴。

進士題名始於唐之雁塔，元代立碑於國子監，被明建太學時，磨去碑字，因而無存。清代每科由工部撥銀交國子監立石題名，先後一百一十二科石碑題名錄，皆在國子監大門內林立，惟至民初，間有倒在地上者。清末最後甲辰科狀元為直隸劉春霖氏會元為湖南譚延闓氏（參閱圖 7），碑上列一甲三名，二甲三甲各若干名，每一人名之下有籍貫。

中進士後刻會試硃卷之體制，與鄉試硃卷相同。另刻同年齒錄，錄中不依會榜名次，而以進士年齡大小為先後次序，故

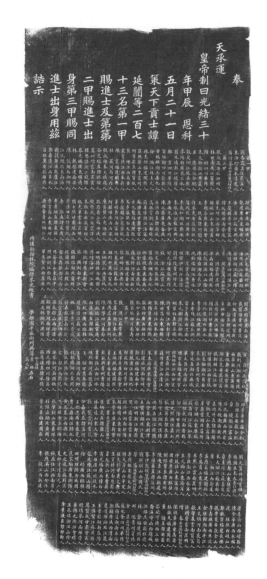

圖7　殿試題名碑

曰「同年齒錄」，錄中亦附若干篇會試闈墨於其最後。

　　科舉時代重視「年誼」，凡某科鄉試或會試同年中式者，曰「同年」。拔貢十二年一科，所有本科及前後兩科，均為同年。同年間互稱年兄，父或子稱年伯年姪，在宦途及交誼上，均極親切，成為風氣。

第十章　朝考

　　朝考為新進士引見前授職考試。傳臚後，禮部以新進士名冊送翰林院，由掌院學士奏請御試保和殿日期，舉行朝考。二三甲進士全體參加，鼎甲三名雖已授職，亦隨同參加，惟無關得失。

　　朝考始於雍正元年，考試內容時有變更，嘉慶間以論、疏、詩三項命題。

　　朝考寫「白摺子」。白摺子係以宣紙製成手摺，長約二十公分，寬約十公分，每開十二行，每行十八字。清制內外大員向皇帝奏事，皆用此手摺，故稱「奏摺」，皇帝用硃筆在摺上批字，現存臺北國立歷史博物館中甚多。

　　朝考分三等，一等第一名曰「朝元」。閱卷大臣就諸進士殿試前之禮部覆試、殿試、朝考三項等第數目，核計授職。其中以翰林院庶吉士為最優，分部學習次之，中書又次之，最後為知縣。如覆試一等，殿試二甲，朝考一等，總數為四，必授翰林院庶吉士。覆試二等，殿試二甲，朝考一等，總數為五，亦

可授庶吉士。庶吉士雅稱「庶常」,亦稱「館選」,各省入館選人數初無定額,嗣後規定大省六七名,中省四五名,小省一二名。文風較優省份等第數為四五者,始與館選,文風較差省份等第無四五數者,六七數亦可入選,朝元無論等第多寡,照例入選。至分部學習,均以主事用,年輕未授主事,又不便為理民之官者授內閣中書,向來人數極少,最後則為知縣,俗稱「榜下縣」,亦稱「老虎班」,到省即補缺。

乾隆以前,新進士並非完全授職,當年國內交通不便,社會上銀錢艱難,跋涉長途,回鄉不易,間有傳臚朝考後因無官職,經濟困難流落京師者,乾隆特加體恤,改為全體授職,永為定例。

表 4　傳臚朝考授職表

```
                  ┌─ 翰林院庶吉士
                  ├─ 榜　眼(傳臚後授翰林院編修)
┌──┐  ┌──┐       ├─ 狀　元(傳臚後授翰林院編撰)
│殿│→│朝│────→  ├─ 探　花(傳臚後授翰林院編修)
│試│  │考│       ├─ 主　事
└──┘  └──┘       ├─ 內閣中書
                  └─ 知　縣
```

道光二十七年五月朝考後上諭:

諭翰林院，新科進士一甲三名張之萬、袁績懋、龐鍾璐業經授職外。許彭壽、孫觀、徐樹銘、曹登庸、周德榮、袁希祖、劉其年、沈桂芬、陸秉樞、蘇仲山、鮑源深、陳元鼎、徐申錫、陳毓麒、李德儀、蔣兆鯤、崔荊南、李培祜、伍肇齡、劉崧駿、胡壽椿、帥遠燡、潘斯濂、蕭銘卣、華祝三、李品三、李鴻章、黃彭年、沈葆楨、郭椿壽、吳慰曾、唐壬森、陳潏、何璟、白恩佑、周悅讓、張炳堃、尹國珍、郭嵩燾、福全、陳鼐、粟增煃、林之望、文啟、來煦、劉有銘、宗室戴鏗、葉毓祥、張修府、周道治、萬良、彥昌、丁壽昌俱著改為翰林院庶吉士。郭祥瑞、孫頤臣、劉鴻恩、鄧清淦、張增道、葉士煥、李德增、汪先烺、劉秉厚、駱利鋒、朱壽康、章倬標、沈鍠、王友端、李友梅、郝應宿、余汝侗、瑞明、薛銘、沈鎬、徐振墉、楊儀韶、方學蘇、段培元、朱麟祺、熊其光、文玉、宗室興蒼、成善、阮壽松、德恆、阿克丹、宗室崇光、袁銓、盧日新俱著分部學習。李仁元、裴季芳、孫家醇、鄧培槐俱著以內閣中書用。吳斑、李宗羲、尹泗、劉廷鑑、戚天保、戴鹿芝、喻懷恭、周振璘、彭嘉炯、黃瑞圖、龍元儷、賀桂齡、李湘萼、劉潤、陳秉彝、曹鴻舉、李士瑞、宋肇昌、蔡應嵩、孔廣

泉、華國清、許利賓、周劼、侯樹衙、莊心庠、張培仁、丁斌、楊文熙、耿灼然、黃金韶、李明壎、車汝建、王揆一、龐公照、王宏謨、張希仲、張清瀛、李森、左駿章、謝佳玉、廖宗元、馬新貽、馮霦、馮森、葉維藩、郭種德、李孟羣、朱奐、周鳴鹿、延齡、伍奎祥、霍為棻、胡長新、黃淳熙、汪有恭、沈墉、匡慶榆、武元鶴、任瑛、辛本栴、李燦、張汝弼、陳心棻、馬綸篤、徐家杰、王序賓、趙廷銘、王玉、周雲翥、增祿、高化鵬、馬先登、敖國琦、陳兆鳳、姚繼勉、吳懷玉、朱㿥侯、王平格、李國瀛、張晉、陳星煥、趙開元、祝塏、陶璽、楊延俊、陳喬榮、白潤、雷尌、瞿績凝、朱孔楧、萬年、鄭奎齡、杜滋、賀際運、楊錞、禹建鈞、陳秩五、黃光彬、鄭士蕙、樊丙南、毛玉成、錫榮、詹錦堂、王廷才、張韶南、馮峻、李得春、王汝銓、劉熙敬、陰昌庚，劉郇膏、叢壇、楊師震、任國楨、羅家頤、許亦崧、馬象奎、陳椿年、朱次琦、劉鎧、郭定柱、姚體備俱著交吏部掣籤分發各省以知縣即用。兵部額外主事謝煌著俟報滿，作為候補主事後，以該部主事即補。餘著歸班銓選。欽此。

　　是科進士共二三三名，除鼎甲三名業已授職，其中授翰林者五十二名，分部學習者三十五名，內閣中書者四名，交吏部掣籤分發各省以知縣即用者一百二十二名，候補主事一名，歸班銓選者十數名。至於其他每科授職官階人數之比例，亦大概如此。

　　凡經朝考欽點之各官階，永遠在官職之上加「欽點」二字，如欽點狀元、榜眼、探花、傳臚、翰林、主事、內閣中書、知縣等以表榮譽。欽點知縣到省數月即補實缺，不須候補，俗稱「老虎班」，至銓選知縣則較難多矣。

第十一章　金榜　殿試卷

第一節　金榜

「金榜掛名」為千數百年來從事科舉考試人士之最高願望，亦為朝廷最隆重典禮，社會上最矚望之事件。金榜有大小兩種，大金榜傳臚用，小金榜呈御覽。

臺北中央研究院現藏三件有關清代科舉之寶貴史料。一、道光二十七年丁未科文殿試小金榜。二、丁未科傳臚後朝考上諭，為手摺式。高二十七公分，寬九公分五，長九十三公分。除摺面摺底共四開，每開十行，共七百零二字，已詳前朝考節內。三、武殿試大金榜，將於後武殿試文中述之。

小金榜紅紙墨筆字，亦為手摺式。高二十七公分，寬八公分，除摺面摺底共二十四開，每開十行，全長共為三公尺八十五公分，可見張掛於東長安門外大金榜之長大矣。

是科有二甲第八名吳江沈文定公桂芬，二甲第三十六名余鄉李文忠公鴻章，二甲第三十九名侯官沈文肅公葆楨，二甲第

六十名中興名臣湘陰郭公嵩燾，三甲第十四名李武愍公孟羣，殉難洪楊「三河之役」，二甲第二十五名開縣李公宗羲，三甲第六名菏澤馬公新貽，先後官兩江總督有聲，此均係科舉出身中之有貢獻於國家者。

　　按明清兩代檔案，原存清內閣大庫，宣統二年庫頂漏雨，改裝為八千麻袋，被歷史博物館售給某紙廠，幾全部化為紙漿，其後幾度轉手遷移，幾被日人購去。民十八年，北平中央研究院歷史語言研究所請政府撥兩萬元，購回七千袋。在午門樓上，費四年時間，整出若干清初史料，陸續印出，當時中外報紙披露其經過甚多。上述之三項清代科舉文件，亦係從此破爛故紙堆中檢出裱褙而來，其中固多破損，仍屬珍貴，故略及之。

第二節　殿試卷

　　清代自順治三年丙戌至光緒三十年甲辰，共一百一十二科，進士二萬六千六百九十二名，殿試卷亦同此數。其間自多名人墨寶，原封存內閣大庫六七只大木箱內，宣統二年亦以庫頂漏雨，開箱晒卷，被太監陸續偷出售賣。余鄉李文忠公之公子李經邁氏，購得名卷數十本，有名單載在戰前《國聞週刊》某期，四川傅增湘氏筆記自稱亦頗有收藏。

第十二章　翰林

　　翰林院唐已有之，開元中置學士院，選文學優美者為翰林學士，專掌制誥，宋稱翰苑，明改學士院為翰林院，清代沿之。別置庶常館於京師前門內迤東城根路北，取《周書》庶常吉士之意，置庶吉士。乾隆帝曾幸院一次，事先令工部修整院舍，屆期命朝中所有翰林出身各官均到，並賜宴賦詩，可見其重視翰林院如此。

　　院有掌院學士，例由大學士兼領，以下為侍讀學士、侍講學士、侍讀、侍講、修撰、編修、檢討，皆為文學侍從之臣，統稱翰林官。

　　傳臚朝考之後，鼎甲三名已授職，二三甲進士大部份已分別授主事、中書、知縣，惟翰林院庶吉士仍須到院學習。初入館（庶常館）日「進院」，不曰到差，每日到差，只稱到館，由特簡大臣為總教習，以侍讀、侍講學士分教，俗稱總教習為大教習，分教為小教習。其所進修之課程，無非空洞之治國要政，及試帖詩、律賦、白摺小楷等不切實用之功課。每月有月考，

三年期滿（若遇次年有恩科會試，則不待三年）再行考試，謂
之考「散館」。湘鄉曾文正公國藩道光十八年五月入館選，二十
年四月應散館考試，其間請假回籍，在館僅八個月，可見三年
一次考散館，時間上亦間有出入。

　　散館考試成績優者，原為二甲進士授編修，三甲進士授檢
討，次授主事、中書、知縣。《清史稿‧選舉志》云：「三年考
試散館，優者留翰林為編修、檢討，次者改給事中、御史、主
事、中書、推官、知縣、教職」可資參考。

　　「翰詹大考」為考翰林院詹事府中所有翰林出身各官之考
試，庶吉士不參加。雍正十一年有諭云：

> 嗣後庶吉士等雖經授職，或數年以後或十年，朕再考驗，
> 若依然精熟，必從優錄用，以示鼓勵，若遺忘錯誤，亦
> 必加以處分。

　　舉行翰詹大考，始於順治十年，康熙時考過兩次，雍正一
代無大考紀錄，乾隆舉行九次，嘉道以後仍繼續舉行，惟時間
差距均無規律。

　　翰詹大考皇帝親自考試，告病請假，仍須補試。考一等者
可連陞二三級，如內陞侍讀侍講外放道府，日後陞遷亦快，二

等陞級，三等賞賜實物不陞官，四等降級或致休。如康熙二十五年有諭：「侍讀、庶子以下各官學問不及者，以同知、運判外轉」，同知、運判雖為五六品，但均非正印官，較之七品翰林之有光明前途，實為降級，故曰「翰林怕大考」。曾文正公國藩自入館選至回籍辦團練，十年間官至侍郎，係由於兩次大考成績優異原因。

社會習慣上所謂翰林，共有三種，一為三鼎甲授職之修撰，編修及散館後授職之編修、檢討，二為候補翰林之翰林院庶吉士，三為外班翰林。第一種例稱「某科翰林」最為高貴。第二種在散館後改授他職者，例稱「以庶吉士改某官」。第三種因京中各部院滿漢各官，均有定額，自乾隆年間起，翰詹出缺，因滿人翰林較少，滿缺不敷陞補者，改由部院內科甲出身郎中以上之司官充任，謂之「外班翰林」，此種翰林參加翰詹大考，計算成績，另有區別。故以上三種翰林，惟有第一種之某科翰林，方為真正翰林官。

翰林官能專摺奏事，可以建言，可以彈劾，摺子由掌院學士轉奏。

歷代章服制度極為嚴謹，所以別尊卑，辨品級，而肅威儀也。《大清會典》載有各官冠服圖，規定二品以上大員以至王公，隆冬准翻穿貂皮外褂，五品以上許掛朝珠，七品戴金頂（實

係黃銅頂）。惟獨翰林院編修、檢討官雖七品（修撰六品戴白石頂，亦算在內）係均文學侍從之臣，自來目為「儲相」或「玉堂人物」，特加優禮，一律准許頭戴金頂，身掛朝珠穿貂皮，為士林特殊光榮。翰林平時職務清閒，詩酒文會，逍遙自在，每屆大考，飽學之士，自可及鋒而試，文字荒疏者就怕大考，亦不能逃避，故有詠翰林詩云：

　　金頂朝珠褂子貂，群仙會上任逍遙。
　　忽聞大考魂飛落，縱使神仙也不饒。

　　光緒三年丁丑科翰林安徽含山嚴家讓氏之翰詹大考試卷。卷中一賦一詩，卷面上部及卷底之騎縫處皆蓋禮部大印，卷面下部右角有「臣孫詒經閱擬一等十四名」十一字，孫為服官民國孫寶琦氏之父。卷底下部左角為彌封處，應試之翰林姓名，原密封其中。

　　翰林官俸菲薄，平時多恃代作應酬文字謝金補助生活，間有接受京內外大員餽贈，以資維持，故有「紅翰林、黑翰林、窮翰林」之稱。經濟困難者，亦有特意在翰詹大考試卷上，製造瑕疵，希望考績列後，外放知縣，藉此以蘇貧困。

　　乾隆三十六年後，每科鄉會試前有「考差」考試，為翰林

專利，鼎甲出身之翰林，尤易入選。差有內外兩種，內差為順天鄉試及會試同考官，外差為各省鄉試正副主考及學政。學政因案臨各府、州、廳，有棚費收入，向為窮翰林之優差。

翰林拜督撫，亦受隆重接待，中門迎送，蓋清例非翰林不能任吏，禮兩部尚書，不能「大拜」任大學士。

歷代文武大吏故後，朝廷「賜諡」，賜諡即為「改稱」，原係眷念故臣，不忍直呼其名之意。諡法例為兩字，清制分有等級，文官上一字為「文」，武官上一字為「武」，均為一等，但文官非翰林出身，不能諡「文」字。至下一字，文官以「成、正、忠、襄」四字為一等，每一代皇帝在位若干年中，諡「文成、文正、文忠、文襄」者，各限一人。有清一代，諡「文成」者僅旗籍阿桂一人，載在《國朝先正事略》，故歷代應以諡「文正」者為最高，先後七人。

惟翰林始能大拜及追諡文字，雖係有清數百年成例，但至晚清，如左公宗棠以舉人入閣諡文襄，仁和王公文韶，以進士亦登臺閣諡文勤，均係例外。至滿相更不論其出身，如光緒中葉，滿相福錕筆帖式出身，滿相崇禮拜唐阿（各壇廟中祭祀時，掌管獻茶飯點香燭之小官，載在滿漢陞官圖中）出身，均諡文恪。光緒末年，滿相榮祿亦諡文忠，更無論矣。

表 5 清代科舉各級科名之名稱表

童生	
佾生	
監生	雅稱太學生。
秀才	雅稱附生、庠生、茂才、諸生。
附生	
增生	
廩生	
歲貢	
恩貢	
副貢	五貢雅稱明經。
優貢	
拔貢	
舉人	雅稱孝廉。
亞魁	
經魁	
亞元	
解元	
南元	
元魁	
會元	
貢士	
進士	
傳臚	
探花	

榜眼	
狀元	雅稱殿元、殿撰。
朝元	
翰林院庶吉士	雅稱庶常。
翰林	包括修撰、編修、檢討。雅稱太史、內相、玉堂人物。

第十三章　清代歷科重要題名錄

　　清代科舉考試之童試在二至四月，鄉試八月，會試次年二月，殿試四月。一年之間，士子之幸運者，可由平民而有將來拜相封侯希望，所謂：

　　　　十載寒窗無人問。一舉成名天下知。

下焉者亦終身安富尊榮。故舉世讀書人皆醉心「進學、中舉、中進士、點翰林」揚名聲，顯父母。

　　至研討科舉四級考試，其中童試進學，各州縣情形不同，有難有易。（余鄉合肥縣每次童試三千數百人，秀才僅四十八名。齊如山氏稱河北淶源縣，每次應試，童生與應進秀才額相近，別縣應童試有更少者。）鄉試最難，分省不按縣，秀才已經科考甄別，好手較多，名額亦少，文風較差縣份有數十年無中舉者。舉人會試計有新科舉人一千二百餘名，及歷屆會試未考取之舉人，共約六七千名，每次會試取二三百名，較鄉試容

易。貢士經覆試殿試授官，極為現實。

　　三元及第即鄉試中解元，會試中會元，殿試中狀元，為科舉時代之最高榮譽。自宋、元、明至清一千年中，僅十一人。清代三元及第有二人，原籍均建有三元坊。

　　一、錢棨，長洲人，乾隆四十四年己亥解元，四十六年辛
　　　　丑會元狀元。

　　二、陳繼昌，臨桂人，嘉慶十八年乙酉解元，二十五年庚
　　　　辰會元狀元。

　　兄弟狀元：金壇于振（雍正元年）、于敏中（乾隆二年），
　　　　　　　同族兄弟。

　　叔姪狀元：德清蔡啟僔（康熙九年）、蔡升元（康熙二十一年）。
　　　　　　　常熟翁同龢（咸豐六年）、翁曾源（同治二年）。

　　祖孫狀元：長洲彭定求（康熙十五年）、彭啟豐（雍正五年）。
至於父子鼎甲，祖孫鼎甲，兄弟鼎甲，計有多人。

　　歷科中以天資明敏，智慧過人，少年登高第者，若順治間十六歲伊桑阿年，康熙間十六歲李孚青，均為最年輕者，其他二十歲以下亦有十數人。

　　專制時期，皇帝有無上權威，清代科考雖極嚴格，但皇帝有特權，常以秀才，舉人進士，賞給大臣或勳臣子孫。同治初，翁曾源因其祖父翁心存氏曾為師傅，先後兩次受欽賜舉人，進

士，參加殿試，大魁天下，最為特殊。或以秀才，舉人，進士，賞給年老之應試人，使其免試，而得參加高一級之考試。或以科名，賞給高齡未第之應試人及巡行迎鑾之人士，事例甚多。即如欽點狀元，亦有因皇帝之喜怒，致有幸與不幸者，也有數起。

我國歷代縉紳，素為社會之中堅，而進士尤為一代重臣所自出，即其在野清望，亦為群眾所仰慕。茲將清代歷科首選及各州縣鼎甲姓名羅列於後。

表 6　順治年間歷科殿試會試首選姓名表

歲次		科別	進士名額	狀元	榜眼	探花	傳臚	會元
順治	三年	丙戌正科	400	傅以漸(魯)	呂纘祖(直)	李奭棠(順)	梁清寬(直)	李奭棠(順)
	四年	丁亥正科	300	呂　宮(蘇)	程芳朝(皖)	蔣　超(蘇)	于明寶(蘇)	李人龍(直)
	六年	己丑正科	395	劉子壯(鄂)	熊伯龍(鄂)	張天植(浙)	范光文(浙)	左敬祖(直)
	九年	壬辰正科	397	鄒忠倚(蘇)	張永祺(順)	沈　荃(蘇)	李　愫(蘇)	張星瑞(蘇)
	滿榜			麻勒吉(滿)	折庫納(滿)	巴　海(滿)	楊　官(滿)	麻勒吉(滿)
	十二年	乙未正科	449	史大成(浙)	戴王綸(直)	秦　鉽(蘇)	王益朋(浙)	秦　鉽(蘇)
	滿榜			圖爾宸(滿)	查　親(滿)	索　泰(滿)	董　色(滿)	查　親(滿)
	十五年	戊戌正科	343	孫承恩(蘇)	孫一致(蘇)	吳國對(皖)	王遵訓(豫)	張貞生(贛)
	十六年	己亥正科	376	徐元文(蘇)	華亦祥(蘇)	葉方靄(蘇)	王　勗(順)	朱　錦(蘇)
	十八年	辛丑正科	383	馬世俊(蘇)	李仙根(蜀)	吳　光(浙)	孫　錄(浙)	陳常夏(閩)

順治八科，己亥科狀元徐文榜姓陸。壬辰、乙未滿洲會殿皆另分榜，清代只此兩科，嗣後不分。李奭棠、秦鉽、查親會

元探花，麻勒吉會元狀元，麻勒吉後改名馬中驥，查親後改名賈勤。

表 7　康熙年間歷科殿試會試首選姓名表

歲次	科別	進士名額	狀元	榜眼	探花	傳臚	會元
康熙　三年	甲辰正科	199	嚴我斯(浙)	李元振(豫)	周　宏(蘇)	沈　珩(浙)	沈　珩(浙)
六年	丁未正科	155	繆　彤(蘇)	張玉裁(蘇)	董　訥(魯)	夏　沅(蘇)	黃礽緒(蘇)
九年	庚戌正科	292	蔡啟僔(浙)	孫在豐(浙)	徐乾學(蘇)	何金蘭(蘇)	宮夢仁(蘇)
十二年	癸丑正科	166	韓　菼(蘇)	王鴻緒(蘇)	徐秉義(蘇)	顧　汧(順)	韓　菼(蘇)
十五年	丙辰正科	209	彭定求(蘇)	胡會恩(浙)	翁叔元(蘇)	魏希徵(魯)	彭定求(蘇)
十八年	己未正科	151	歸允肅(蘇)	孫　卓(皖)	茆薦馨(浙)	吳震方(浙)	馬教思(皖)
二一年	壬戌正科	176	蔡升元(浙)	吳　涵(浙)	彭寧求(蘇)	史　夔(蘇)	金德嘉(鄂)
二四年	乙丑正科	121	陸肯堂(蘇)	陳元龍(浙)	黃夢麟(蘇)	張希良(鄂)	陸肯堂(蘇)
二七年	戊辰正科	146	沈廷文(浙)	查嗣韓(浙)	張豫章(蘇)	范光陽(浙)	范光陽(浙)
三十年	辛未正科	148	戴有祺(蘇)	吳　昺(皖)	黃叔琳(順)	楊中訥(浙)	張　瑗(皖)
三三年	甲戌正科	168	胡任輿(蘇)	顧圖河(蘇)	顧悅履(浙)	汪　倓(蘇)	裴之仙(蘇)
三六年	丁丑正科	150	李　蟠(蘇)	嚴虞惇(蘇)	姜宸英(浙)	汪士鋐(蘇)	汪士鋐(蘇)
三九年	庚辰正科	301	汪　繹(蘇)	季　愈(蘇)	王　露(豫)	張成遇(粵)	王　露(豫)
四二年	癸未正科	163	王式丹(蘇)	趙　晉(閩)	錢名世(蘇)	汪　灝(皖)	王式丹(蘇)
四五年	丙戌正科	289	王雲錦(蘇)	呂葆中(浙)	賈國維(蘇)	俞兆成(浙)	尚居易(陝)
四八年	己丑正科	292	趙熊詔(蘇)	戴名世(皖)	繆　沅(蘇)	朱元英(蘇)	戴名世(皖)
五一年	壬辰正科	177	王世琛(蘇)	沈樹本(浙)	徐葆光(蘇)	卜俊民(蘇)	卜俊民(蘇)
五二年	癸巳恩科	143	王敬銘(蘇)	任蘭枝(蘇)	魏廷珍(直)	楊繩武(蘇)	孫見龍(浙)
五四年	乙未正科	190	徐陶璋(蘇)	繆日藻(蘇)	傅王露(浙)	李文銳(蘇)	李　錦(蘇)
五七年	戊戌正科	171	汪應銓(蘇)	張廷璐(皖)	沈錫輅(浙)	金以成(浙)	楊爾德(浙)
六十年	辛丑正科	163	鄧鍾岳(魯)	吳文煥(閩)	程元章(豫)	王蘭生(直)	儲大文(蘇)

康熙二十一科，周宏一作秦宏，王鴻緒原名度心，王雲錦亦作施雲錦，魏廷珍原名廷禎，後以避世宗名改廷珍。韓菼、彭定求、陸肯堂、王式丹會元狀元，戴名世會元榜眼，王露會元探花，沈珩、范光陽、汪士鋐、卜俊民會元傳臚。狀元胡任輿辛酉科鄉試解元，徐元文、徐乾學、徐秉義、彭定求、彭寧求皆兄弟鼎甲，蔡啟傳、蔡升元叔姪狀元，繆日藻為丁未狀元繆彤子。

表 8 雍正年間歷科殿試會試首選姓名表

歲次	科別	進士名額	狀元	榜眼	探花	傳臚	會元
雍正 元年	癸卯恩科	246	于 振(蘇)	戴 瀚(蘇)	楊 炳(鄂)	張廷珩(皖)	楊 炳(鄂)
二年	甲辰正科	299	陳惠華(直)	王安國(蘇)	汪德容(浙)	汪由敦(浙)	王安國(蘇)
五年	丁未正科	226	彭啟豐(蘇)	鄧啟元(閩)	馬宏琦(蘇)	鄒一桂(蘇)	彭啟豐(蘇)
八年	庚戌正科	399	周 澍(浙)	沈昌宇(浙)	梁詩正(浙)	蔣 溥(蘇)	沈昌宇(浙)
十一年	癸丑正科	328	陳 倓(蘇)	田志勤(順)	沈文鎬(蘇)	張若靄(皖)	陳 倓(蘇)

雍正五科，彭啟豐、陳倓會元狀元，啟豐為康熙丙辰科狀元定求孫。王安國、沈昌宇會元榜眼，楊炳會元探花。

表 9 乾隆年間歷科殿試會試首選姓名表

歲次	科別	進士名額	狀元	榜眼	探花	傳臚	會元
乾隆 元年	丙辰正科	344	金德瑛(浙)	黃孫懋(魯)	秦蕙田(蘇)	蔡 新(閩)	趙青藜(皖)
二年	丁巳恩科	324	于敏中(蘇)	林枝春(閩)	任端書(蘇)	孫宗溥(浙)	何其睿(贛)

四年	己未正科	328	莊有恭（粵）	涂逢震（贛）	秦勇均（蘇）	陸　秩（浙）	軒轅誥（魯）
七年	壬戌正科	329	金　甡（浙）	楊述曾（蘇）	湯大紳（蘇）	張　進（蘇）	金　甡（浙）
十年	乙丑正科	313	錢維城（蘇）	莊存與（蘇）	王際華（浙）	章　愷（浙）	蔣元益（蘇）
十三年	戊辰正科	264	梁國治（浙）	陳　栴（浙）	汪廷璵（蘇）	劉星煒（蘇）	鄭　怤（蘇）
十六年	辛未正科	243	吳　鴻（浙）	饒學曙（贛）	周　澧（浙）	沈　栻（浙）	周　澧（浙）
十七年	壬申恩科	241	秦大士（蘇）	范棫士（蘇）	盧文弨（浙）	錢　載（浙）	邵嗣宗（蘇）
十九年	甲戌正科	233	莊培因（蘇）	王鳴盛（蘇）	倪承寬（浙）	汪永錫（浙）	胡紹鼎（鄂）
二二年	丁丑正科	242	蔡以臺（浙）	梅立本（皖）	鄒奕孝（蘇）	李汪度（浙）	蔡以臺（浙）
二五年	庚辰正科	164	畢　沅（蘇）	諸重光（浙）	王文治（蘇）	曹文埴（皖）	王中孚（魯）
二六年	辛巳恩科	217	王　杰（陝）	胡高望（浙）	趙　翼（蘇）	蔣雍植（皖）	陳步瀛（蘇）
二八年	癸未正科	188	秦大成（蘇）	沈　初（浙）	韋謙恒（皖）	董　誥（浙）	孫效曾（蘇）
三一年	丙戌正科	213	張書勳（蘇）	姚　頤（贛）	劉躍雲（蘇）	陸費墀（浙）	胡　珊（皖）
三四年	己丑正科	151	陳初哲（蘇）	徐天柱（浙）	陳嗣龍（浙）	任大椿（蘇）	徐　烺（浙）
三六年	辛卯恩科	161	黃　軒（皖）	王　增（浙）	范　衷（浙）	王爾烈（奉）	邵晉涵（浙）
三七年	壬辰正科	162	金　榜（皖）	孫辰東（浙）	俞大猷（順）	平　恕（浙）	孫辰東（浙）
四十年	乙未正科	158	吳錫齡（皖）	汪　鏞（魯）	沈清藻（浙）	王春煦（蘇）	嚴　福（蘇）
四三年	戊戌正科	157	戴衢亨（贛）	蔡廷衡（浙）	孫希旦（浙）	邵自昌（順）	繆祖培（蘇）
四五年	庚子恩科	155	汪如洋（浙）	江德量（蘇）	程昌期（皖）	關　槐（浙）	汪如洋（浙）
四六年	辛丑正科	169	錢　棨（蘇）	陳萬青（浙）	汪學金（蘇）	秦承業（蘇）	錢　棨（蘇）
四九年	甲辰正科	112	茹　棻（浙）	邵　瑛（浙）	邵玉清（直）	李長森（皖）	侯健融（浙）
五二年	丁未正科	137	史致光（浙）	孫星衍（蘇）	董教增（蘇）	朱　理（皖）	顧　鈺（蘇）
五四年	己酉正科	98	胡長齡（蘇）	汪廷珍（蘇）	劉鳳誥（贛）	錢　楷（浙）	錢　楷（浙）
五五年	庚戌恩科	97	石韞玉（蘇）	洪亮吉（蘇）	王宗誠（皖）	辛從益（贛）	朱文翰（皖）
五八年	癸丑正科	81	潘世恩（蘇）	陳　雲（順）	陳希曾（贛）	陳秋水（浙）	吳貽詠（皖）
六十年	乙卯恩科	111	王以銜（浙）	莫　晉（浙）	潘世璜（蘇）	陳廷桂（皖）	王以鋙（浙）

　　乾隆二十七科，金甡、蔡以臺、汪如洋、錢棨會元狀元，
錢棨又為己亥科鄉試解元，是為三元。孫辰東會元榜眼，周澧
會元探花。狀元吳鴻丁卯科鄉試解元，探花沈清藻辛卯科鄉試

解元，莊存與、莊培因、潘世恩、潘世璜兄弟鼎甲。任端書為康熙癸巳科探花任蘭枝子。汪學金為戊辰科探花汪廷璵子。王以鋙、王以銜兄弟同科會元狀元，辛巳科以陝西無狀元特擢王杰為第一。

表 10　嘉慶年間歷科殿試會試首選姓名表

歲次		科別	進士名額	狀元	榜眼	探花	傳臚	會元
嘉慶	元年	丙辰正科	144	趙文楷(皖)	汪守和(贛)	帥承瀛(鄂)	戴殿泗(浙)	袁　楳(浙)
	四年	己未正科	220	姚文田(浙)	蘇兆登(魯)	王引之(蘇)	程國仁(豫)	史致儼(蘇)
	六年	辛酉恩科	275	顧　皋(蘇)	劉彬士(鄂)	鄒家燮(贛)	席　煜(蘇)	馬有章(蘇)
	七年	壬戌正科	248	吳廷琛(蘇)	李宗昉(蘇)	朱士彥(蘇)	李仲昭(粵)	吳廷琛(蘇)
	十年	乙丑正科	243	彭　浚(湘)	徐　頲(蘇)	何凌漢(湘)	徐　松(順)	胡　敬(浙)
	十三年	戊辰正科	261	吳信中(蘇)	謝階樹(贛)	石承藻(湘)	朱　棨(桂)	劉嗣綰(蘇)
	十四年	己巳恩科	241	洪　瑩(皖)	廖金城(閩)	張岳崧(粵)	黃安濤(浙)	孔傳綸(浙)
	十六年	辛未正科	237	蔣立鏞(鄂)	王毓吳(蘇)	吳廷珍(蘇)	毛鼎亨(蘇)	朱王林(浙)
	十九年	甲戌正科	226	龍汝言(皖)	祝慶蕃(豫)	伍長華(蘇)	裘元善(贛)	瞿　溶(蘇)
	二二年	丁丑正科	255	吳其濬(豫)	凌泰封(皖)	吳清鵬(浙)	孫如金(皖)	龐大奎(蘇)
	二四年	己卯恩科	224	陳　沆(鄂)	楊九畹(浙)	胡達源(湘)	孫起端(皖)	費庚吉(蘇)
	二五年	庚辰正科	246	陳繼昌(桂)	許乃普(浙)	陳　鑾(鄂)	龔文輝(閩)	陳繼昌(桂)

嘉慶十二科，廖金城後改名鴻荃，王毓吳後復姓吳改名毓英。吳廷琛、陳繼昌會元狀元，陳繼昌又為癸酉科鄉試解元，繼錢棨為三元；清代三元者只有二人。王引之為雍正甲辰科榜眼王安國孫。

表 11　道光年間歷科殿試會試首選姓名表

歲次	科別	進士名額	狀元	榜眼	探花	傳臚	會元
道光　二年	壬午恩科	222	戴蘭芬(皖)	鄭秉恬(贛)	羅文俊(粵)	陳嘉樹(蘇)	呂龍光(粵)
三年	癸未正科	246	林召棠(粵)	王廣蔭(蘇)	周開麒(蘇)	杜受田(魯)	杜受田(魯)
六年	丙戌正科	265	朱昌頤(浙)	賈　楨(魯)	帥方蔚(贛)	麟　魁(滿)	王慶元(直)
九年	己丑正科	221	李振鈞(皖)	錢福昌(浙)	朱　蘭(浙)	朱　淳(滇)	劉有麟(直)
十二年	壬辰正科	206	吳鍾駿(蘇)	朱鳳標(浙)	季芝昌(蘇)	趙德潾(贛)	馬學易(蘇)
十三年	癸巳恩科	220	汪鳴相(贛)	曹履泰(贛)	蔣元溥(鄂)	司徒煦(粵)	許　楣(浙)
十五年	乙未正科	272	劉　繹(贛)	曹聯桂(贛)	喬晉芳(晉)	張　苐(陝)	張景星(浙)
十六年	丙申恩科	172	林鴻年(閩)	何冠英(閩)	蘇敬衡(魯)	張錫庚(蘇)	夏子齡(蘇)
十八年	戊戌正科	194	鈕福保(浙)	金國鈞(鄂)	江國霖(蜀)	靈　桂(宗)	王振綱(直)
二十年	庚子正科	180	李承霖(蘇)	馮桂芬(蘇)	張百揆(浙)	殷壽彭(蘇)	吳敬義(浙)
二一年	辛丑恩科	202	龍啟瑞(桂)	龔寶蓮(順)	胡家玉(贛)	何若瑤(粵)	蔡念慈(浙)
二四年	甲辰正科	209	孫毓溎(魯)	周學濬(浙)	馮培元(浙)	王景淳(贛)	焦春宇(皖)
二五年	乙巳正科	217	蕭錦忠(湘)	金鶴清(浙)	吳福年(浙)	鍾啟峋(贛)	蔣超伯(蘇)
二七年	丁未正科	231	張之萬(直)	袁績懋(順)	龐鍾璐(蘇)	許彭壽(浙)	許彭壽(浙)
三十年	庚戌正科	213	陸增祥(蘇)	許其光(粵)	謝　增(蘇)	黃　統(粵)	鄒石麟(魯)

道光十五科，杜受田、許彭壽會元傳臚。

表 12　咸豐年間歷科殿試會試首選姓名表

歲次	科別	進士名額	狀元	榜眼	探花	傳臚	會元
咸豐　二年	壬子恩科	239	章　鋆(浙)	楊泗孫(蘇)	潘祖蔭(蘇)	彭瑞毓(鄂)	孫慶咸(浙)
三年	癸丑正科	222	孫如僅(魯)	吳鳳藻(浙)	呂朝瑞(皖)	黃　鈺(皖)	吳鳳藻(浙)
六年	丙辰正科	216	翁同龢(蘇)	孫毓汶(魯)	洪昌燕(浙)	鍾寬華(浙)	馬元瑞(魯)
九年	己未正科	180	孫家鼐(皖)	孫念祖(浙)	李文田(粵)	朱學篤(魯)	馬傳煦(浙)
十年	庚申恩科	183	鍾駿聲(浙)	林彭年(粵)	歐陽保極(鄂)	黎培敬(湘)	徐致祥(蘇)

咸豐五科，吳鳳藻會元榜眼。潘祖蔭為乾隆癸丑科狀元潘

世恩孫。

表 13　同治年間歷科殿試會試首選姓名表

歲次		科別	進士名額	狀元	榜眼	探花	傳臚	會元
同治	元年	壬戌正科	193	徐 郙(蘇)	何金壽(鄂)	溫忠翰(晉)	陳 彝(蘇)	李慶沅(直)
	二年	癸亥恩科	200	翁曾源(蘇)	龔承鈞(湘)	張之洞(直)	周 蘭(浙)	黃體芳(浙)
	四年	乙丑正科	265	崇 綺(蒙)	于建章(桂)	楊 霽(漢)	牛 瑄(豫)	廖鶴年(粵)
	七年	戊辰正科	270	洪 鈞(蘇)	黃自元(湘)	王文在(晉)	許有麟(浙)	蔡以瑺(浙)
	十年	辛未正科	323	梁耀樞(粵)	高岳崧(陝)	郁 崑(浙)	惲彥彬(蘇)	李聯珠(直)
	十三年	甲戌正科	337	陸潤庠(蘇)	譚宗浚(粵)	黃貽楫(閩)	華金壽(直)	秦應逵(鄂)

同治六科，翁曾源為咸豐丙辰科狀元翁同龢姪，張之洞壬

子科鄉試解元、為道光丁未科狀元張之萬弟。傳臚陳彝為道光

壬午科傳臚陳嘉樹子，父子皆中式一百二十五名進士。

表 14　光緒年間歷科殿試會試首選姓名表

歲次		科別	進士名額	狀元	榜眼	探花	傳臚	會元
光緒	二年	丙子恩科	324	曹鴻勳(魯)	王賡榮(晉)	馮文蔚(浙)	吳樹梅(魯)	陸殿鵬(蘇)
	三年	丁丑正科	329	王仁堪(閩)	余聯沅(鄂)	朱賡颺(蘇)	孫宗錫(湘)	劉秉哲(直)
	六年	庚辰正科	330	黃思永(蘇)	曹詒孫(湘)	譚鑫振(湘)	戴彬元(順)	吳樹棻(魯)
	九年	癸未正科	308	陳 冕(順)	壽 耆(宗)	管廷獻(魯)	朱祖謀(浙)	甯本瑜(皖)
	十二年	丙戌正科	319	趙以炯(黔)	鄒福保(蘇)	馮 煦(蘇)	彭 述(湘)	劉 培(直)
	十五年	己丑正科	296	張建勳(桂)	李盛鐸(贛)	劉世安(漢)	杜本崇(湘)	許葉芬(順)
	十六年	庚寅恩科	326	吳 魯(閩)	文廷式(贛)	吳蔭培(蘇)	蕭大猷(湘)	夏曾佑(浙)

十八年	壬辰正科	317	劉福姚(桂)	吳士鑑(浙)	陳伯陶(粵)	惲毓嘉(順)	劉可毅(蘇)
二十年	甲午恩科	311	張　謇(蘇)	尹銘綬(湘)	鄭　沅(湘)	吳筠孫(蘇)	陶世鳳(蘇)
二一年	乙未正科	282	駱成驤(蜀)	喻長霖(浙)	王龍文(湘)	蕭榮爵(湘)	陳海梅(閩)
二四年	戊戌正科	342	夏同龢(黔)	夏壽田(湘)	俞陛雲(浙)	李稷勳(蜀)	陸增煒(蘇)
二九年	癸卯正恩併科	315	王壽彭(魯)	左　霈(漢)	楊兆麟(黔)	黎湛枝(粵)	周蘊良(浙)
三十年	甲辰正科	273	劉春霖(直)	朱汝珍(粵)	商衍鎏(漢)	張啟後(皖)	譚延闓(湘)

表 15　清代歷科殿試各州縣鼎甲姓名表

省　區	州　縣	狀　元	榜　眼	探　花	備　註
江　蘇	吳　縣	繆彤、張書勳、石韞玉、潘世恩、吳信中、吳鍾駿、洪鈞	繆日藻、吳毓英、馮桂芬	徐葆元、潘世璜、吳廷珍、潘祖蔭、吳蔭培	
	長　洲	韓菼、彭定求、陸肯堂、王世琛、彭啟豐、錢棨	徐頲	彭寧求	
	常　熟	孫承恩、歸允肅、汪繹、汪應銓、翁同龢、翁曾源	嚴虞惇、楊泗孫	翁叔元、龐鍾璐	
	元　和	陳初哲、吳廷琛、陸潤庠	鄒福保		
	武　進	呂宮、趙熊詔、錢維城	莊存與	錢名世、劉躍雲	
	嘉　定	王敬銘、秦大成、徐郙	王鳴盛		
	無　錫	鄒忠倚、施雲錦	華亦祥	秦鈗、周宏	
	崑　山	徐元文、徐陶璋		葉方藹、徐乾學、徐秉義	
	金　壇	于振、于敏中		蔣超、馮煦	
	江　甯	秦大士、黃思永		周開麒	

通　州	胡長齡、張謇	王廣蔭	馬宏琦	
陽　湖	莊培因	楊述曾、孫星衍、洪亮吉	湯大紳、趙翼	
金　匱	顧皐		秦蕙田、秦勇均、鄒奕孝	
寶　應	王式丹、	季愈	朱士彥	
溧　陽	馬世俊	任蘭枝	黃夢麟、任端書	
丹　徒	李承霖	張玉裁	王文治	
上　元	胡任興	戴瀚	董教增、伍長華	
鎮　洋	畢沅		汪廷璵、汪學金	
太　倉	陸增祥			
金　山	戴有祺			
銅　山	李蟠			
泰　州			繆沅	
儀　徵	陳儌	江德量	謝增	
山　陽		汪廷珍、李宗昉		
鹽　城		孫一致		
華　亭		王鴻緒、范棫士	沈荃、朱賡颺	
江　都		顧圖河		
高　郵		王安國	賈國維、王引之	
青　浦			張豫章	
崇　明			沈文鎬	
江　陰			季芝昌	
浙　江	仁　和	金德瑛、金甡、吳鴻、鍾駿聲	陳柟、胡高望、綮廷衡	倪承寬、沈清藻、馮培元	
	歸　安	嚴我斯、王以銜、姚文田	沈樹本、孫辰東	吳光	
	德　清	蔡啟傳、蔡升元	孫在豐、胡會恩、徐天柱、金鶴清	俞陛雲	
	秀　水	沈廷文、汪如洋	沈昌宇		

鄞　　縣	史大成、章鋆			
會　　稽	梁國治、茹棻	王增、莫晉、孫念祖	傅王露	
錢　　塘	周霽	許乃普、吳鳳藻、吳士鑑	汪德容、梁詩正、王際華、吳清鵬、吳福年、洪昌燕	
烏　　程	鈕福保	周學濬	馮文蔚	
山　　陰	史致光			
嘉　　善	蔡以臺		周澧	
海　　鹽	朱昌頤			
石　　門		吳涵、呂葆中、陳萬青		
海　　寧		陳元龍、查嗣韓	顧悅履	
平　　湖		沈初、錢福昌	陳嗣龍	
餘　　姚		諸重光、邵瑛	盧文弨、朱蘭	
慈　　谿		楊九畹	姜宸英	
蕭　　山		朱鳳標	張百揆、郁崑	
黃　　巖		喻長霖		
嘉　　興			張天植	
長　　興			茆薦馨	
上　　虞			范衷	
瑞　　安			孫希旦	
江　　山			沈錫輅	
安　徽 休　　寧	黃軒、吳錫齡			
歙　　縣	金榜、洪瑩		程昌期	
太　　湖	趙文楷、李振鈞			
桐　　城	龍汝言	程芳朝、戴名世、張廷璐		
天　　長	戴蘭芬			
壽　　縣	孫家鼐			
宣　　城		孫卓、梅立本		

	定　遠		凌泰封	
	全　椒		吳鼒	吳國對
	蕪　湖			韋謙恒
	青　陽			王宗誠
	旌　德			呂朝瑞
山　東	聊　城	傅以漸、鄧鍾岳		
	濰　縣	曹鴻勳、王壽彭		
	濟　寧	孫毓溎、孫如僅	孫毓汶	
	歷　城		汪鏞	
	黃　縣		賈楨	
	霑　化		蘇兆登	蘇敬衡
	曲　阜		黃孫懋	
	平　原			董訥
	莒　縣			管廷獻
廣　西	臨　桂	陳繼昌、龍啟瑞、張建勳、劉福姚	于建章	
直　隸	安　州	陳惪華		
	南　皮	張之萬		張之洞
	肅　寧	劉春霖		
	滄　州		呂纘祖	
	景　州		戴王綸	魏廷珍
	天　津			邵玉清
江　西	大　庾	戴衢亨		
	彭　澤	汪鳴相		
	南　昌		涂逢震	
	永　豐	劉繹		
	德　化		李盛鐸	
	宜　黃		謝階樹	
	泰　和		姚頤	
	樂　平		汪守和	鄒家燮

省	縣				
	新　建		曹聯桂	胡家玉	
	都　昌		曹履泰		
	上　高		鄭秉恬		
	萍　鄉			劉鳳誥	
	廣　昌		饒學曙		
	奉　新			帥方蔚	
	新　城		文廷式	陳希曾	
湖　北	黃　岡	劉子壯			
	蘄　水	陳　沆			
	天　門	蔣立鏞		蔣元溥	
	黃　陂		劉彬士、金國鈞		
	江　夏		何金壽	陳鑾、歐陽保極	
	漢　陽		熊伯龍		
	孝　感		余聯沅		
	鍾　祥			楊炳	
	黃　梅			帥承瀛	
福　建	侯　官	林鴻年	廖金城		
	閩　縣	王仁堪	趙晉、何冠英		
	晉　江	吳魯		黃貽楫	
	德　化		鄧啓元		
	福　清		林枝春		
	長　樂		吳文煥		
廣　東	番　禺	莊有恭	許其光、林彭年		
	吳　川	林召棠			
	順　德	梁耀樞		李文田	
	南　海		譚宗浚、朱汝珍	羅文俊	
	定　安			張岳崧	
	東　莞			陳伯陶	

	茶　陵	蕭錦忠	曹詒孫、尹銘綬		
	衡　山	彭浚		譚鑫振	
	湘　潭		龔承鈞	石承藻	
	安　化		黃自元		
湖　南	桂　陽		夏壽田		
	道　州			何凌漢	
	益　陽			胡達源	
	長　沙			鄭沅	
	湘　鄉			王龍文	
	貴　陽	趙以炯			
貴　州	麻　哈	夏同龢			
	遵　義			楊兆麟	
順　天	大　興	陳冕	張永祺、田志勤、陳雲、龔寶蓮	李爽棠、黃叔琳、俞大猷	張永祺原籍宜興 龔寶蓮原籍武進 俞大猷原籍山陰
	宛　平		袁績懋		袁績懋原籍陽湖
	固　始	吳其濬	祝慶蕃		
河　南	柘　城		李元振	王露	
	上　蔡			程元章	
陝　西	韓　城	王杰	高岳崧		
	資　州	駱成驤			
四　川	遂　寧		李仙根		
	大　竹			江國霖	
	朔　州		王賡榮		
山　西	聞　喜			喬晉芳	
	太　谷			溫忠翰	
	稷　山			王文在	

蒙　古	鑲黃旗	崇綺			
滿　洲	正黃旗	麻勒吉			
	正白旗	圖爾宸			
	鑲藍旗		折庫納	巴海、索泰	
	正紅旗		查親		
	正藍旗		壽耆		
漢　軍	正黃旗		左霈		楊霽
	鑲黃旗				劉世安
	正白旗				商衍鎏

　　上表以省份狀元人數多者列前，滿蒙漢軍不能冠以省籍故列於後。

　　自順治丙戌至光緒甲辰一百一十二科統計之：

省　區	狀　元	榜　眼	探　花
江　蘇	49	26	41
浙　江	20	29	26
安　徽	9	7	5
山　東	6	5	3
廣　西	4	1	0
直　隸	3	2	3
江　西	3	10	5
湖　北	3	5	5
福　建	3	6	1
廣　東	3	4	4
湖　南	2	5	6

貴　州	2	0	1
滿　洲	2	3	2
順　天	1	5	3
河　南	1	2	2
陝　西	1	1	0
四　川	1	1	1
蒙　古	1	0	0
山　西	0	1	3
漢　軍	0	1	3

　　再上表一、奉天甘肅雲南無狀元榜眼探花；二、山西無狀元；三、貴州無榜眼；四、陝西廣西無探花。

第十四章　科舉時代之教育機構

第一節　學塾

學塾亦稱「私塾」，共有三種：

一、為教師在家設館授徒，學生多寡不等，至有譏為三家
　　村學究者。

二、為官商富紳假祠堂廟宇等公眾處所，延師教授清寒子
　　弟，不收束脩（學費），或供學生食宿，謂之「義學」。

三、為仕宦人家或富戶禮聘教師來家教授子弟，供給食宿，
　　謂之「專館」。

以上一、二兩種教師多為童生、秀才，第三種教師之身份
及學識，視學生之年齡及程度而定，多為秀才、貢生或舉人。

最低級學塾為「蒙館」，教授開蒙五六歲及十餘歲學生。待
學生年齡漸大，程度漸深，由幼小至十數歲以至二十歲，相當
於今之小學、初中，皆由教師陸續課讀。普通童生進學後，多

不入私塾，自修上進。亦有聘名師來家教授生員或生員自請名師在外指導，冀得高科者。茲將學塾課程及教授方法，按先後程序略述如下：

一、認字：認約八公分見方小字塊，視學生年齡智慧，每天教數字或十數字。當年無現在之附圖字塊，較難記憶，時加溫習，至認識數百字或千數百字為止。

二、教書：教《三字經》、《百家姓》、《千字文》、《幼學》、《龍文鞭影》、「四書」、《史鑑節要》等書。亦視學生年齡智慧，每次由教師照書口授數句或十數句三五遍，謂之「上書」，令學生回座位，高聲誦讀，以至背熟。

三、背書：利用學童記憶力強，注重背誦。令學生將剛教讀之數句或十數句，背向老師背出，謂之「背書」。然後照前法，再口授，再自讀，再背書，如是待讀完一冊或一本（如上論一本分上下兩冊），再背整冊或整本，謂之「總冊」，或「總本」。

四、溫書：每天下午溫習舊書。每隔十日或若干日再背整冊或整本舊書，務使學生對讀過書籍，皆能熟

記背出。

五、講書：初次講書，謂之「開講」。因學生年齡漸大，知
　　　　　識漸開，講書可以了解，故將已熟讀之書，逐
　　　　　句逐段，加以解釋，使明瞭書之內容。有讀完
　　　　　「四書」，「五經」始開講，亦有讀完「十三經」
　　　　　（「五經」外為《論語》、《孟子》、《孝經》、《爾
　　　　　雅》、《公羊傳》、《穀梁傳》、《周禮》、《儀禮》。
　　　　　至《大學》、《中庸》附《禮記》內）始開講，
　　　　　或自家領悟。

六、習字：每日下午練習大小字，由教師批改。

七、讀詩：讀《千家詩》、《唐詩三百首》之類。

八、讀史：圈點《綱鑑易知錄》、《資治通鑑》之類。

九、對字：由教師出數字或一短句，令學生以動字對動
　　　　　字、實字對實字、形容字對形容字，謂之「對
　　　　　對子」，為學作詩之初步。

十、作文：學作八股文，由「起講」學起，以至「成篇」，
　　　　　間亦學作散文。

　　學塾授課時間，自上午八至十一時讀生書，謂之「早書」。
下午一至四時習字、讀史（圈點史書）謂之「中書」。四至六時
溫舊書、讀詩，謂之「晚書」。年齡較大學生晚七至九時讀古

文、讀詩，謂之「燈書」。

　　總之學塾：一、上課時間過多，每天超過十一小時。二：假期太少，當年無今之星期休假制度，除春節前後二十餘日放學外，即端陽中秋兩節，亦僅停課一二日，無以調劑作息精神。三、先令背熟，然後開講，使學生難以記憶，多費腦力。四、上課時間，學生除如廁外，枯坐位上，不准自由活動。五、體罰甚多，近於野蠻。有此五者，其戕賊學生之身心甚大。

第二節　府州縣學

　　秀才稱附生，原應附入府、州、縣學學宮，學習禮教，精研舉業。定制教官應月課附生一次，後來教官不考課，附生不入學，所謂府、州、縣學，空有其名而已。

第三節　國子監

　　唐代設國子監，猶古之成均，漢之太學，宋、元、明因之。明制有云「府、州、縣學諸生入國學者，乃得入官，不入不能得也」。清代國子監亦為國家最高學府，在其中讀書之監生，曰太學生。監生有廩、增、附生、舉人、貢生、廕生、有舉監、

貢監、優監、生監、恩監、廕監、例監各名稱，並收滿洲八旗子弟。

　　乾嘉以前，皇帝有時幸國子監，行講學禮，令大臣祭酒司業講經，典禮綦重。南京北京均有國子監，順治間，裁南監，修葺北監，廣致生徒，設祭酒、司業、博士、助教、學正、學錄各級講席，監丞、典簿、典籍等官。建率性、修道、誠心、正義、崇忠、廣業六堂，每堂設學正助教各一人講課。

圖 8　國子監

　　課程分「經義」、「治事」兩科。經義科研究性理，《通鑑》、「四書」、「五經」，至「十三經」、「廿一史」，諸子百家則為選課，兼習晉唐書法。治事科教兵、刑、天文、河渠、樂、律等事。

　　肄業生分內外班，內班住監內學舍，外班應課期到監。考績有日課月考季考記分等冊，獎懲授官。道光後，監務廢弛，既無獎懲，亦不授官，入監讀書者寥寥，且例監可捐納為應鄉試或求官之用，益不為社會重視矣。

第四節　書院

　　清初鑒於明代東林黨之禍，禁止設立書院，以杜批評朝政。順治九年有諭云：

> 各提學官督率教官，務令諸生將平日所習經書義理，著意講求，躬行實踐，不許別創書院，群聚結黨，空談廢業。

可見其多所顧忌，惟令各地教官管束士子，讀經尊君而已。

　　明季書院多由私人創設，為個人講學之所，國家給以獎勵維護。故講學之餘，涉及朝政，攻擊姦佞，致興大獄，民心喪失，明社坵墟。清代書院因多數疆臣建議，始准興建，惟一反

明制，改由各級政府控制。雍正十一年命各省會設書院，均撥官帑壹千兩營建，籌師生膏火，於是京師及各省書院次第成立。如京師金臺，直隸蓮池，江蘇鍾山，浙江敷文，江西豫章，湖南嶽麓、城南，湖北江漢，福建鼇峰，山東濼源，山西晉陽，河南大梁，陝西關中，廣東端溪、萼秀，廣西秀峰、宣城，四川錦江，雲南五華，貴州貴山，奉天瀋陽，安徽敬敷，甘肅蘭山，至全國各府州縣大小書院則達千數百處之多。

乾隆二年後令慎選師長，嚴擇生徒，主持書院人曰「山長」，或稱院長，不分省籍外籍，已仕未仕，須經明行修負有聲望者。省城大書院山長由督撫會同學政聘請，各府州縣書院山長由地方官聘請，惟丁憂在籍不得延聘，教官不得兼充。生徒分生員童生兩種，生員為廩、增、附、監生，童生為文童，皆無年齡限制。

各書院課程膏火名額，皆視各院之師資經費而定，經費之來源由公款撥給或紳商捐獻。課程分正課外課附課三種，每課又分生童兩級，正課生有定額，外課附課生則就報考人數多寡增減之。正課生月給膏火銀一兩數錢，外課附課生初為三年一甄別，嗣改為每年甄別一次。

書院考課分官課師課兩種，官課在省城由督撫司道主持，省外由地方官主持，師課由山長主持。每月三課，官課一，師

圖 9 　嶽麓書院今貌

圖 10 　嶽麓書院學規（1748 年）

課二，在院內應試或攜卷外出，如期繳回均可。生卷分超等、特等、一等，童卷分上、中、次三等。當年社會生活費用低廉，市面使用制錢，試卷獎金高及銀一、二兩，低為一、二千文或數百文，寒士賴以資生者不少。

　　清代初設書院時，所講習者大概以四書、五經文、試帖詩為主。雖亦課經解、詩、賦、策、論等，然不及八股文之重視。迨嘉慶間，阮元氏在杭州設詁經精舍，在廣州設學海堂，則為尊重樸學之書院。光緒間，黃體芳氏在江陰設南菁書院，張文襄公之洞在廣州設廣雅書院，在武昌設兩湖書院，選兩省優秀學生，每省百名，住院肄業三年，廢棄八股文，延宿儒，以經史實學課士，並派遣優異生分赴東西各國研習文武學術，鼎革時，開國群賢出自其中者亦多。

　　光緒甲午後，外患日深，國勢陵夷，舉國上下咸知舊式教育落伍，非變法無可圖存，初則變更書院章程。兼習各國科學，繼則改大小書院為各級學校，於是書院即為歷史上之名詞矣。

第五節　學校

　　滿清政府為維護滿蒙民族利益，設專校教授滿蒙子弟，如宗學旗學。

一、宗學：宗學屬「宗人府」，宗人府為管理皇室宗族事務之官署，在京師戶部街，與吏、戶、禮三部一排，官長為宗令。宗學又分兩種：㈠「宗學」，創始於順治九年，教授王公子弟年在十歲至十八歲者，共有四所。每所設總管，正教授各一人，教長八人，教習若干人，教滿漢文字，三年期滿及格，分別引見錄用。㈡「覺羅學」，雍正七年，以皇族王公子弟日多，無法容納，因於宗學之外，另設覺羅學，教授皇族中近支子弟，制度與宗學大致相同，滿清原姓愛新覺羅氏，故曰覺羅學。

二、旗學：旗學即八旗學校，亦分三種：㈠「八旗官學」，創始於順治元年，京師八旗分四處，每處設官學一所，教一般旗民子弟，訂有名額，屬國子監，每十日赴監考課一次。雍正二年添設「八旗蒙古官學」，每旗一所，專教蒙文語言。㈡「八旗學堂」，近於半官性質，教八旗貧苦子弟。㈢「八旗義學」，教滿漢文，教習為進士、舉人、貢生。

三、各館：各館中以「算學館」為最實用。明代曆書時有

　　　　錯誤，如曆載某日月圓，屆期並不月圓。明末
　　　　外籍教士來華，加入「欽天監」服務，國曆始
　　　　無差錯。算學館學生學習天文、地理、算學。
　　　　若「俄羅斯館」研究強鄰俄國一切，亦為當時
　　　　切要之圖。

　　以上所述之學塾，相當於今之小學、初中。各府、州、縣
學相當於初中，早已有名無實。書院相當於高中兼補習學校。
國子監相當於大學。各學及各館則似專科學校。

第十五章　八股文　試帖詩

第一節　八股文

八股文謂之制藝，亦謂制義或時文，為明太祖朱元璋與劉基所定，《明史·選舉志》云：「其科目係沿唐宋之舊，而稍變其試士之法，專取四書五經命題，其文略仿宋經義，而代聖賢語氣立言。」

乾隆十四年上諭有云：

> 國家設科取士，首重者在四書文，蓋以六經精微，盡於四子書，設非讀書窮理，篤志潛心，而欲握管發揮先聖之義蘊。不大相徑庭乎。……是清真雅正四字，代聖賢立言，非此不可，宜乎聖訓相承，規重矩襲，永為藝林之矩矱，制義之準繩矣。

清代考經率宗宋儒傳注，主張理學，排斥異端。八股文中一切思想，必須照經義之純正。以千數百年後之人，追摹古人語氣，不容作者發抒己見，實屬不可思議。

文之發端二句，謂之「破題」，下承其意作四五句，謂之「承題」，破承題後為「起講」，即入古人口氣。起講後排比對偶，曰起二比、中二比、後二大比、末小二比，故曰八股。

文中不可「犯上」，不可「粘下」，譬如「大學之道，在明明德，在親民，在止於至善」數句，如試題為「在親民」，則文中不可提及上句「在明明德」及下句「在止於至善」，須就本題三個字，作成一篇空洞虛玄之文字。

惟四書之典籍有限，歷數百年之時間，經每歲各地千數百次之考試，舊題無慮千萬。為避免新舊題重複，自屬困難，於是割裂經書字句命題，往往童試題為幾個字或一句，鄉會試題則截搭經書幾句，謂之「截搭題」。例如試題為「子曰巧言令色，鮮矣仁」，下接「曾子曰，吾日三省吾身」此種試題，兩不相涉，故意愚弄士子，使之牽強附合，而展才思。

昔唐太宗訂科舉取士，有人詠以詩云：

太宗皇帝真長策，常使英雄入彀中。

明太祖君臣訂八股文取士，為難士子，使入彀中，用意相同。相傳太祖俯視百官經宮門入朝，亦曰「天下英雄盡入吾彀中矣」。

　　坊間選考場舊作八股文出售，有「小題三萬選」適用於童試，「大題三萬選」適用於鄉會試。余幼時親見人用極薄銀皮紙抄舊文作懷挾，字極小，五七百字一篇文，僅占紙之面積八公分見方，故各考場嚴搜懷挾，即為防止用坊間刊物及抄件作抄襲用也。

　　顧亭林氏之言曰：

　　　　今日以書坊所刻之義，謂之時文，舍聖人之經典，先儒
　　　　之註疏，與前代之史不讀，而讀其所謂時文。時文之
　　　　出，每科一變，五尺童子能誦數十篇，小變其文，即可
　　　　取功名，而鈍者至白首而不得。遇老成之士，既以有用
　　　　之歲月，銷磨於場屋之中，而少年捷得之者，又易視天
　　　　下國家之事，以為人生之所以為功名者，惟此而已。是
　　　　故八股之害，等於焚書，而敗壞人才，有甚於咸陽之郊
　　　　所坑者。

　　徐大椿氏之言曰：

　　讀書人，真不濟，爛時文，爛如泥。國家本為求才計，
　誰知道變作了欺人計。三句承題，兩句破題……辜負光
　陰，白白昏迷一世，就教他騙得高官，也是百姓朝廷的
　晦氣。

　　幾百年間，痛詆八股文之文字極多，有志之士，不屑於括
帖以博取功名者，更不知幾許。清代科舉以考八股文為最重要，
康熙年間一度停試三年，旋即恢復，直至光緒二十七年停止。
　　明清兩代八股文名家頗多。乾隆初，桐城方苞氏奉勑編明
文四集清文一集，每篇皆抉其精要，批評於後，惜現無選集
可查。
　　八股文千變萬態，題目種類亦多，未可以簡單說明，渾括
各種構造之全體。茲取《欽定四書文》內，《論語》題目之平正
者，清初韓菼一文，陳述概要，就此可略知其餘。

　　子謂顏淵曰用之則行舍之則藏惟我與爾有是夫。

韓菼

　　聖人行藏之宜，俟能者而始微示之也㈠。蓋聖人之行藏，
　正不易規，自顏子幾之，而始可與之言矣㈡。故特謂之

曰，畢生閱歷，祇一二途以聽人分取焉，而求可以不窮
於其際者，往往而鮮也。迨於有可以自信之矣，而或獨
得而無與共，獨處而無與言。此意其託之寤歌自適也耶，
而吾今幸有以語爾也㈢。回乎，人有積生平之得力，終
不自明，而必俟其人發之者，情相待也。故意氣至廣，
得一人焉，可以不孤矣。人有積一心之靜觀，初無所試，
而不知他人己識之者，神相告也。故學問誠深，有一候
焉，不容終祕矣㈣。回乎，嘗試與爾仰參天時，俯察人
事，而中度吾身，用耶舍耶，行耶藏耶㈤。汲於行者蹶，
需於行者滯，有如不必於行，而用之則行者乎，此其人
非復功名中人也。一於藏者緩，果於藏者殆，有如不必
於藏，而舍之則藏者乎，此其人非復泉石間人也㈥。則
嘗試擬而求之，意必詩書之內有其人焉，爰是流連以誌
之，然吾學之謂何，而此詣竟遙遙終古，則長自負矣。
竊念自窮理觀化以來，屢以身涉用舍之交，而充然有餘
以自處者，此際亦差堪慰耳。則又嘗身為試之，今者轍
環之際有微擅焉，乃日周旋而忽之，然與人同學之謂何，
而此意竟寂寂人間，亦用自歉矣。而獨是晤對忘言之頃，
曾不與我質行藏之疑，而淵然此中之相發者，此際亦足
共慰耳㈦。而吾因念夫我也，念夫我之與爾也㈧。惟我

與爾攬事物之歸，而確有以自主，故一任乎人事之遷，而祇自行其性分之素。此時我得其為我，爾亦得其為爾也，用舍何與焉，我兩人長抱此至足者共千古已矣。惟我與爾參神明之變，而順應無方，故雖積乎道德之厚，而總不爭乎氣數之先。此時我不執其為我，爾亦不執其為爾也，行藏又何事焉，我兩人長留此不可知者予造物已矣（九）。有是夫，惟我與爾也夫，而斯時之回，亦怡然得默然解也（十）。

八股文釋義：

㈠破題二句，明破行藏，暗破惟我與爾。凡破題無論聖賢與何人之名，均須用代字，故以能者二字代顏淵。

㈡承題四句，三句五句皆可。承題諸人直稱名號，故稱顏子。破承皆用作者之意，不入口氣。

㈢起講十句，多少句數並無定法，可以任意伸縮。起處用若曰、意謂、且夫、今夫、嘗思等字皆可。「故特謂之曰」下，入孔子口氣對顏淵說，畢生四句正起，迨於三句反承，此意二句轉合。總籠全題，層次分明。起講以後，皆是孔子口氣。

㈣只用「回乎」二字領起，以無上文，故直接入題。孔子

對於弟子一律呼名，顏子名回，字子淵，所以不日淵而日回。「回乎」下為起二比，每比七句，句數多少無定，中後比亦然，特起比不宜長，致占中後比地位。用意在題前我爾字盤旋，輕逗用舍行藏而不實作。

(五)為提比後之出題，仍用「回乎」喚起，將用舍行藏我爾字一齊點出，此為五句，但相題為之，句數可以伸縮。

(六)為提比後之兩小比，醒出行藏用舍二語，叫起我爾意為中比地步，惟此兩小比，或有用於中比之下，或有用於後比之下而作束比，位置倘或不同，則用意隨之而改。合之全篇仍為八股，亦有省去此二小比，而全篇文為六股者。

(七)此為二中比，抉發題中神理之所在，鎖上關下，輕緊鬆靈，向背開合，可以參之議論，但仍不宜盡用實筆實寫耳。

(八)此為過接，於中比後即過到題之末句惟我與爾，緊接後比。

(九)此為後二比，實力發揮，用題惟我與爾末句，總起用舍行藏全題，氣勢舒達，意無餘蘊，全文至此而成篇矣。每比八句，因其中比略長，若中比較短，則後比之文，盡情馳騁，往往至十餘二十句者亦有。

(十)此為全篇之收結，倘有下文，則收結改為落下。

總上言之，凡破題、承題、起講、領題、出題、過接、收結，皆用單句法，起講中間有用對句者，八比則出比與對比必相對以成文，此定體也。舉此一篇而分釋之，以略見八股之例。

第二節　試帖詩

按試帖二字，原為帖經取士，始於唐高宗時。將經書上下文帖起，中間空起，令考生填字，是為考默經方法。每經帖十處，對五、六者為通，後來移用此「試帖」二字於詩，故試場之律詩曰試帖詩。

賦得萬戶擣衣聲　得聲字　　路慎莊
題目出於李白〈子夜吳歌〉，「長安一片月，萬戶擣衣聲。秋風吹不盡，總是玉關情。」

東西深不辨，空外但聞聲。(一)
共擣三更月，誰知萬戶情。(二)
寒衣新澣出，密線舊縫成。(三)
遠近驚秋早，光陰入夜爭。(四)

力微拼用盡，辛苦說分明。(五)

涼意生雙杵，繁音滿一城。(六)

深閨今日寄，絕塞幾人征。(七)

露布頻聞捷，饒歌報太平。(八)

　　此題題情，須從聞此聲者落想，若就擣衣著筆，不惟萬戶字不能照管，即聲字亦隔膜矣。凡有情之題，宜以不沾之筆寫之，不沾而切，題情乃真，與一樹百穫作法迥乎不同。題得聲字，是題中得字，分釋如下。

　　一聯空際著聲，確是擣衣聲，隨出官韻聲字。二聯點題渾成。三聯意在題前。四聯不沾萬戶字，卻是萬戶擣衣之神。五六聯摹寫題情雖空而切。七聯收到題旨。八聯頌揚單抬，將題翻轉推開，措語得體。全首不用擣衣萬戶典故。一片空靈。

　　詩中首聯末聯可以不對，中間各聯須工對。試帖詩題目章法，極為廣泛，觀此可得其大致。

第十六章　特種考試

國家設科，由皇帝對績學之士，舉行直接考試，謂之「制科」。制科始於宋代，宋之蘇軾蘇轍兄弟，中賢良選，即其一例。明代無制科，清有制科兩次，特考一次。

第一節　博學鴻詞科

博學鴻詞科，唐開元年間已有之。康熙十七年開博學鴻詞科，有詔云：

> 朕惟博學鴻詞之科，所以待淹通之士俾膺著作之選，備顧問之任。

特令內外大臣保薦卓越之士，不論已仕未仕，到京應考，由戶部月給俸廩。十八年三月召試體仁閣，試詩賦各一，上親覽試卷，大學士掌院學士讀卷。與試者一百七十餘人，取五十人，

皆為知名之士，已仕者照品階進級，未仕者概授檢討。

乾隆元年再開博學鴻詞科。召試一百七十六人於保和殿，第一場試詩賦各一，第二場試經史制策各一，取一等六人，二等十三人，授官亦如前。

按以上兩次博學鴻詞科之徵召，皆因鼎革未久，志士懷念前明，特網羅朝野碩彥，收拾人心，錄取者多任修纂明史。

第二節　經濟特科

光緒二十七年詔開經濟特科。以當時外患日深，時局阽危，採貴州學政嚴修議，亟思破格求才，以資佐理，命京內外大員保薦博學通達時務人才，來京應考。二十九年在保和殿應試者一百八十餘人，考經濟幣制諸事，試策論各一，命閱卷大臣八人，經正場覆試，錄取一等九人，二等十八人，榜首袁嘉穀氏，雲南石屏縣人。時值戊戌政變後，朝中新舊兩派意見分歧，未予重用，僅就原官略予陞敘，民國後此等人士多占政治財經方面重要位置。

第十七章　停科舉後之各種考試

第一節　考優拔貢與考職

　　光緒三十一年，從張之洞、袁世凱、端方之請，停止科舉。時各省舉貢逾萬人，生員不下十數萬人，政府為謀善後，繼續為士子寬籌出路。訂考優限三科，考拔限一科。各省廩、增、附生由本府、州、縣會同教官申送。八旗在京及各省駐防，由管轄之都統、將軍、副都統分送。

　　宣統元年己酉，考拔貢照原額加倍錄取，每府學四名，每縣學二名。優貢每省原額四名，照加四倍。以各省巡撫及提學使為考官，共考兩場，生員皆可參加。

　　次年新錄取優拔貢到京朝考，由禮部分考優拔，錄取者在保和殿覆試，王大臣閱卷。拔貢一等授七品小京官，二等知縣，三等直隸州州判及部曹。優貢一等授知縣，二等教職，三等報罷。

考優拔貢後考職，用為佐貳雜職，分發試用。大省取一百名，中省七十名，小省五十名。一等授巡檢，二等典史。

第二節　舉貢會考

為籌舉貢出路，舉行舉人與貢生會考，曰舉貢會考。宗室、八旗、各省駐防皆照章送考。考官為各省巡撫及提學使，共考兩場，錄取後於光緒三十三年四月，在保和殿朝考。宣統二年庚戌又舉行一次。

舉人考一等及二等前十名，分別授主事、中書、七品小京官，二等十名以下授知縣，三等佐雜。貢生一等授七品小京官，二等知縣及佐雜，三等報罷。

第三節　留學生考試

晚清東西各國留學生漸多，清廷用科舉時代舊日科名，加以鼓勵。自光緒三十一年，先後考試留學生八次，其應考資格，以在各國大學各國各項高等專門學校之畢業生為限。考試兩場，第一場就各畢業生所學科目命三題，作二題為完卷。第二場試中文、外國文各一題，作一題為完卷。分為最優等、優等、中

等，最優等給予進士出身，優等、中等給予舉人出身，均於進士舉人科名上加冠工科、商科、醫科、法政科等字。

　　宣統元年及三年，更集合畢業生之得進士舉人者，於保和殿廷試。欽派閱卷大臣會同襄校官評閱試卷，分一、二、三等。中文、科學兼優者列一等，中文平妥科學優良者列二等，科學優良未作中文者列三等。一等授翰林院編修、檢討，二等翰林院庶吉士，列三等與舉人列一等者，授主事按所學科目分部學習。後來參加考試者日多，功名愈爛，清廷亦亡。

第十八章　武試

《皇朝通志》云：

> 我朝稽古定制，文武科舉並重，所以待多士者固至優渥。

武試始於唐代，武后置武科考試，宋時武舉廷試，張貼黃榜，與文試同，清代沿之。所有童、鄉、會、殿試亦大致相同，一射馬箭，二射步箭，三拉硬弓，四舉大刀，五提大石，六默武經。

清代民間考武試之人有三種：一、體格堅強，資質魯鈍，不能從事文墨者。二、富戶令子弟武試，藉此博得功名，撐當門戶。三、有志武功，報效國家。惟在朝廷則以牢籠天下勇士，為第一要義。

第一節　武童試

初考武試曰武童，以騎射技勇須成年人，故無幼童。武童在縣署禮房報考，填寫履歷，不准冒籍頂替，須身家清白，均與文試同。順天大興、宛平兩縣，加試口音，以防冒籍。三年一考，學政於文試後，舉行武試。

考前令本縣之武舉、武弁、武生、各教習，將所有武童姓名開單具結，考試時率領到場，無教習具結者扣考，有作弊滋事者，亦由教習負責，等於文試之廩保。他省武職與本省員弁隨任子弟各歸本省本縣應考，不准在任所地方考試。馬步兵丁歸本縣考試，仍須取本營參將守備印結並五童互結，方准應考。

考武生注重體格，點名冊上有四種記號，曰「用，月，日，氣」。在點名時，由學政察看考生體格，用硃筆點之。凡身材寬大者，點「用」字，細長者點「月」字，身材小者點「日」字，有歪斜者點「氣」字。

考武先考外場，次考內場，順天之府考院考由府丞、學政主持，內外場均有安排。各省考外場由該省督撫提鎮於就近副將、參將、游擊內選委別省籍貫者一人，會同學政考試。武職奉委後，亦有規定迴避事項。

　　童試分三場，試前寫姓名履歷，考取後對筆跡。頭場考馬射，馳馬發三矢，全不中的者不續試。二場考步射，連發五矢，僅中一矢者不續試。再試者先試硬弓，次試刀石，是為外場。三場試默經，是為內場。武經原規定為《孫子》、《吳子》、《司馬法》、《尉繚子》、《李靖問對》、《黃石公三略》、《姜太公六韜》等七經，後來只默《孫子》或《吳子》。實際上考武者多不識字，本身姓名寫不清，遑論默經，上焉者照書抄一段，下焉者間有請人代寫。

　　秀才有定額，各省分大、中、小學，府取二十名，大縣十五名，中縣十二名，小縣七八名。咸同間有以捐輸而廣學額者。

　　學政考取新武秀才，造冊送兵部，在京滿蒙漢軍交順天府滿洲教官管轄，奉天及駐防歸各縣學，各地無武學者（有關廟多有武學）交文學教官管轄。武生亦由學政歲考，欠考三次以上黜革，入學三十年及年屆六十不能騎射者，准免歲考。

第二節　武鄉試

　　武鄉試三年一科，子、午、卯、酉年為正科，有慶典年加恩科。直隸、奉天統歸順天鄉試，各省武生在各該省鄉試。兵生與拔補外委由本營官出具印結，撫標中軍加結並取同考五人

互結詳送。監生由本籍地方官呈學政送考。八旗、滿洲、蒙古、漢軍之武生、護軍、驍騎校、領催、馬甲、千總、把總及七八品筆帖式、廕生、監生等，在京由本旗參佐領甄別送考，駐防由該將軍、副都統甄送。

順天外場，欽簡大學士都統四人為考試官，會同兵部侍郎、順天府府尹、宗人府府丞及御史分闈考試，並派皇子大臣監視。內場用翰林官二人為正副考官，進士舉人出身部屬四人為同考官，御史四人為監試，滿漢兵部司員二人為提調。另有彌封、收掌、監門、巡綽、搜檢、供給等官。

外省有總督省分，以總督為監臨，巡撫為主考，惟江南以總督兼主考。內場以科甲出身之州縣官考閱，外場請近省之提督總兵一人同考，有駐防省份會同將軍考閱。其餘監試、提調、執事各官就本省遴員派充。

考試三場，頭場試馬箭，樹的內用蘆葦葦蓆，外包紅布，圓徑如筒形，高一公尺五，在馬道旁設的三，每的各距四十公尺，縱馬三次發九矢，中的二者為合格。二場考步箭，樹的高兩公尺寬一公尺，箭道五十公尺，發九矢，中的三者為合格。乾隆間改訂馬步箭各發六矢，增馬射地毬一次，毬圓徑半公尺，用皮或氈製成，置馬道旁邊高三十公分平面一公尺見方之土墩上，中者毬落墩下，射中而毬未落墩下者，以不中論。馬箭弓

以三力（六公斤為一力）為準，步箭以五力為準。次試弓刀石三項，弓有八力、十力、十二力、十五力。刀有四十八、六十、七十二公斤。石有一百二十、一百五十、一百八十公斤。皆以三號、二號、頭號分之。弓必三次開滿，刀必在胸前背後舞花，掇石必至上胸，三項皆三號為不合式，必有一二項係頭二號者，方准入第三場。

向例中箭支數在十支上下，技勇三項皆是頭號或二項頭號者排好字，三號弓而刀，石無頭號者，不排好字。弓，刀，石三項皆頭等，箭支全中者為雙好，有一二項稍差者為單好。

第三場初用筆試，嘉慶十二年以應武試者多不能文，改默武經一段約百字，嗣後專重騎射技勇，而內場為虛設矣。

鄉試中額，原訂為各省文科考試名額之半。乾隆間，以陝甘人壯健，騎射嫻熟勝於他省，兩次增二十名，咸同間以捐輸軍餉有增廣者。滿洲、蒙古初定二十名，嗣減為十三名，漢軍及各省駐防十人取中一名。

武舉亦有磨勘覆試，嘉慶六年定各省武鄉試題名錄內，俱將馬步箭中數，弓、刀、石斤數，分註於武生姓名下，交兵部覆對，隨後發現捏飾浮開，本生斥革，考官議處。

武舉年屆六十，不准會試，中舉後六十年，參加新武舉公宴，謂之「重赴鷹揚」。

第三節　武會試

武會試於辰、戌、丑、未年舉行，恩正科與文會試同。各省武舉由各該省請咨發司，並發入京旅費。順天武舉由順天府給文，八旗、滿、蒙、漢軍在京由該管旗都統給文，駐防由該省將軍副都統給文，把總及巡捕營兵丁之中武舉者，由各該衙門給文，如期赴兵部投呈應考，逾九月十五日者，不准入場。雍正元年停止千總把總會試，以武舉出身者為限。

會試以兵部侍郎一人為知貢舉，御史四人為監試，兵部滿漢司官各一人為提調。外場考試官四人以大學士都統欽簡，會同兵部尚書侍郎及御史分闈考試。內場正副考官二人以內閣、六部、都察院、翰林院、詹府事各堂官欽簡。同考官四人，以進士舉人出身之中書、給事中、郎中、主事簡派。收掌、受卷、彌封、印卷等官，由兵部司官遴委。

試題由兵部轉送內閣，鈐榜用兵部印，張掛兵部。

會試中額幾經變更，康熙五十二年，以各省武進士時多時少，皆因內場只憑文章不知武藝，往往將技勇好者遺漏。嗣後不拘定額數，各省及滿、蒙、漢軍武舉，由部會同考官試外場完畢，將技勇好之武舉實數，開單奏聞。再計省之大小，人之

多寡，照文進士例，臨時定額，以期切實而得普及。

　　會試後有覆試，欽點六部堂官二三員，傳集新中式武舉，照原冊弓、刀、石斤重號數，逐一演試。如有前後參差者，照文會試磨勘例，罰停殿試一科，監試大臣議處。定例武科以外場為重，弓力強弱最要，馬步箭以有一時之長短次之，默經尤其餘事。

第四節　武殿試

　　武殿試以內閣部院翰詹各堂官四人為讀卷官，兵部滿、漢堂官為提調，御史為監試。翰林院部屬派收掌、受卷、彌封官，鑾儀衛派巡綽官，兵部、光祿寺派印卷、填榜、供給官。考官執事官派出後，入內閣值宿，以重關防。

　　殿試初試策文，嘉慶後改默武經約百字。十月初一日默武經，初二日在紫光閣御試馬步箭，初三日在景運門外箭亭御試弓刀石。御試雖在策試後，但甲第以馬步箭弓刀石之高下為準，一甲、二甲及三甲前十餘名，皆在校閱時欽定。定制一甲向取三名，然殿試成績不得其人，亦不遷就。如道光十八年，二十七年，三十一年，均一甲取二名，初四日引見。

　　初五日傳臚，在太和殿舉行，一切儀注與文進士同。一甲

三名賜武進士及第，二甲賜武進士出身，三甲賜同武進士出身。惟舉榜送榜由兵部，榜張掛於西長安門外。巡捕送武狀元歸第。

次日在禮部賜「會武宴」，賞狀元盔甲等項，諸進士銀兩，奏和氣洽之章：

> 和氣洽。泰階平。皇威截。烽烟靖。念兔罝亦有干城。虎頭猿臂交相慶。看雕翮秋來靖。（一解）須知道羽扇綸巾。還有那弓強箭勁。更兼之武庫縱橫。效折衝。驊騮騁。執戈及衛羽林。備公侯腹心。（二解）

雍正五年，定一甲一名授一等侍衛，二名三名授二等侍衛。二甲選十名授三等侍衛，三甲選十六名授藍領侍衛，其餘武進士以營衛守備分別在兵部註冊選用。

第五節　武試及第人士之生活

武試及第之人士多不識字，更鮮受我國傳統之優良教育，武秀才武舉人收徒教武，以資生活，往往不安本分，魚肉鄉民，甚至作姦犯科。武進士做官，回里日少，多為鄉里所推重。

清代武試非為選拔勇士兼賦韜略之人才，其所給予榮名實

惠，亦遠遜文試出身人士，故武舉多不跋涉長途，參加會試，殿試及第亦不過為高級御用侍衛而已。

第六節　停罷武舉

光緒二十六年庚子義和團亂後，十二月清廷降旨諭中外臣工，對國是表示意見，其後內外大臣奏請變更政治者甚多。劉坤一張之洞合奏「籌議變通政治疏」中有「停罷武試」一項，其言曰：

> 文武兩科並稱，而兩種之輕重利弊，迴然不同，……硬弓刀石之拙，固無益於戰征弧矢之利，亦遠遜於火器，……凡武生武舉武進士之流，不過恃符豪霸，建訟佐聞，抗官擾民，既於國家無益，實於治理有害。

光緒二十七年七月十六日有諭云：

> 嗣後武生童試武科鄉會試著即一律永遠停止。

第十九章　繙譯考試

　　滿清入關，欲保存滿蒙文字，乃以進士、舉人、秀才科名，鼓勵滿蒙子弟學習滿漢文，舉行繙譯考試，是可為特種考試之一種。

　　繙譯考試分滿洲繙譯與蒙古繙譯兩種，前者以漢文譯為滿文或以滿文作論，後者以蒙文譯滿文，而不譯漢文，試法不同，中額亦異。考滿文者無論滿洲、蒙古、漢軍，考蒙文者限蒙古人。

第一節　童試

　　童試由禮部會同學政在貢院考，三年兩考，歲試在八月，科試在五月。童試向本旗報名，由該旗佐領具結，證其無冒籍槍替。都統先試馬步箭，考取滿漢文通順者，咨送順天府候考，所有試務均歸順天府辦理。

　　滿洲繙譯有閱卷大臣二人，蒙古繙譯有閱卷大臣一人。另

有內外監試、搜檢、稽查、彈壓等官。滿洲繙譯,將漢家四書直解限三百字內為題,繙譯為滿文。蒙古繙譯,將滿字日講限三百字內為題,譯為蒙文。乾隆十三年定滿洲繙譯十餘人取一名,共取六十名。蒙古繙譯每十人取一名,共取九名,後沿為例。

各處駐防八旗繙譯考試,始於道光二十三年。童生由該管將軍、副都統、城守尉試馬步箭後,定期照京旗例考,五、六人取進一名,不得過五名,人數多亦不得逾八名。

第二節　鄉試

鄉試三年一次,於子、午、卯、酉年舉行。鄉試前必須錄科,在京與直隸、奉天等處滿、蒙、漢軍之繙譯生員、文生員、貢生、監生、廩生、天文生、中書、七八品筆帖式、小京官,先經各旗都統驗看馬步箭合式者,造冊送請錄科。順天府請欽定題目,試卷由考試童生之閱卷大臣評閱,取列一、二、三等者,准予新進生員一體應試。

鄉試中額初無一定,乾隆十三年定滿洲繙譯三十三名,蒙古繙譯六名。十七年後,以應考者日漸減少,滿洲中四五名,蒙古一名。二十年蒙古應考者止六人,遂停蒙古鄉試。

　　駐防八旗繙譯鄉試始於道光二十三年，各歸駐防之省份考，應試資格與京旗同。試題由主考官在京起程前一日，赴軍機處領取。試卷於場後起解，禮部於各處試卷到齊後，奉派閱卷大臣評閱，擬定名次，進呈發榜。中額十人取一名，過半者增一名，每處均不得過三名。

第三節　會試

　　乾隆四年己未舉行繙譯會試。因自雍正初鄉試已歷六科，舉人有百餘人，滿洲、蒙古、漢軍繙譯舉人、文舉人與由舉人出身之筆帖式小京官等，各旗及兵部考試馬步箭合式者均准會試。

　　試期兩場共六日。滿洲題目，第一場考四書滿字文一篇，孝經性情滿字論一篇，第二場試漢文題繙譯一篇。滿字題欽命，繙譯題主考出。蒙古題欽命，用滿字四書性理等書內一道為首題，用滿字奏事一道為次題，繙譯蒙文二篇。

　　中額臨時決定，道光以後，京旗約中二三名，駐防共約中八九名。中式後覆試，覆試及格引見，俱賜進士出身。優者以六部主事即用，次者在主事上學習行走，餘照文進士錄用。

　　駐防八旗滿洲、蒙古、漢軍繙譯會試，由該處將軍等於奉

文後，查明應試人數，造冊送禮部。應試舉人於會試前一月到京，另定中額，與京旗繙譯試卷憑文錄取，合為一榜，惟註明駐防字樣。

第二十章　清代科場之弊案

　　清代科場防弊甚周，處治弊案，尤為嚴厲，然仍不免發生弊端，其中有關童試會試，而以關於鄉試者為多，茲略述於下。

一、順治十四年丁酉順天鄉試，正考官庶子曹本榮，副主考中允宋之綱，因房官大理寺評事李振鄴等十四人，賄賂關節，貪贓壞法。李振鄴等七人正法後，即檄各省逮繫七家老幼籍沒資產，流徙出關之男女共一百八人。其餘未定罪與續提拿各犯，皆次第就逮，各責四十板，流徙尚陽堡。

　　是科舉人約二百名，奉諭到京覆試。其中一百八十二名仍准會試，八名文理不通，革去舉人，並將辦理科場之禮部司員及監試御史下獄。

二、順治十四年丁酉江南鄉試，正主考翰林院侍講方猷，副主考翰林院檢討錢開宗，被給事中陰應節參奏方猷等弊竇多端，物議沸騰，審訊屬實。方猷、錢開宗正法，妻子家產籍沒入官，另犯十七人處絞，妻子家產

　　籍沒入官，又另犯八人各責四十板，家產籍沒入官，
　　父母兄弟妻子併流徙寧古塔，被誅戮者較北闈尤多。
　　舉人覆試，七十四名仍作舉人，二十四名准作舉人，
　　罰停會試二科，十四名文理不通，革去舉人。

三、康熙三十八年己卯科順天鄉試，正主考翰林院修撰李
　　蟠，副主考翰林院編修姜宸英。以賄賂嫌疑，士子認
　　為考試不公，為文揭於市，經御史鹿佑參奏，李蟠、
　　姜宸英均逮繫刑部，宸英年逾七十，病死獄中，李蟠
　　定罪謫戍關外。

四、康熙五十年辛卯科江南鄉試，正主考左必蕃，副主考
　　趙晉。榜發，群以趙晉與江蘇噶禮通同賄賣關節，士
　　論大嘩，諸生千餘人咸集玄妙觀，推廩生丁爾戩為首，
　　使人抬五路財神像入府學，鎖之於明倫堂，爭作歌謠
　　聯語以嘲之。聯云：「趙子龍一身是膽，左邱明兩眼無
　　珠」。以指兩主考之姓，併以紙糊貢院之匾，改貢院二
　　字為賣完。噶禮將爾戩等羈禁，欲以誣控反坐之。朝
　　命大員查辦，有袒噶禮者，欲寢其事，適新任江蘇巡
　　撫張伯行抵任，力主窮究。審訊時，晉之家人供詞牽
　　及噶禮，因而新舊任巡撫互相詆控。查辦者初則奏稱
　　張所控各節，全屬子虛，噶禮免議，詔俱解任。隨後

朝中以伯行為清廉，恐此議是非顛倒，命九卿臺諫再議，得出實情。張伯行回巡撫任，噶禮革職，作弊人犯，分別治罪。巡撫葉九思病歿，房官陳天立畏罪自殺，趙晉房官王日俞方名處斬，舉人吳泌及另犯五人絞監候，後改流徙，左必蕃革職。

五、雍正四年翰林院編修俞鴻圖任湖北學政，賄賣生員，贓私逾萬，被湖北巡撫王仕俊參奏，訊實正法。

六、雍正十三年乙卯科順天鄉試，正主考工部侍郎顧祖鎮，副主考翰林學士戴瀚。榜發，以解元許秉智賄得解元，眾情不洽，有「顧司空顧人情不顧臉面，戴學士戴關節不戴眼睛」之語。事聞，革許秉智舉人，顧祖鎮免官，戴瀚杖徙。

七、乾隆十五年翰林院檢討朱荃任四川學政，賄賣生員九名，被總督策楞參奏，民人李為棟、王瑞霖兩人正法，其餘各犯，依法治罪。

八、乾隆十七年壬午恩科會試，舉人曹詠祖入場時，被搜檢於曹眼鏡匣內，發現一紙，與監試官蔡時田有交通關節嫌疑，審實，蔡時田、曹詠祖俱處斬。

九、乾隆四十八年癸卯科廣西鄉試，第一名岑照為土司岑文棟之子，富於資財，物議沸騰。用刑訊，始供出是

由內供給官永安州知州葉道和，聽從岑照賄囑，代請幕友湖北舉人曹文藻入場代作文字，岑照、葉道和、曹文藻俱斬決。

十、嘉慶三年戊午科湖南鄉試，承辦書吏樊順成、羅文秀抽換考生彭峨試卷，改為寧鄉縣附貢生傅晉賢，取中解元。事發，樊順成處斬，傅晉賢、羅文秀絞立決，賞還彭峨舉人。

十一、咸豐八年戊午科順天鄉試，文淵閣大學士軍機大臣柏葰為正考官，戶部尚書朱鳳標，副都御史程庭桂為副主考。是科大獄係由滿洲人平齡，素嫻曲調，偶登臺演戲，俗稱玩票，得中鄉試，輿論攻擊，而由御史孟傳金疏劾而起。孟劾平齡硃墨卷不符，請特行覆試，上諭怡親王載垣、鄭親王端華、尚書陳孚恩、全慶嚴查懲辦。磨勘官查出平齡卷內草稿不全，詩文策內誤謬太甚，應查議之卷，達五十名之多。又據載垣等奏稱同考官鄒應麟更改平齡硃卷內錯誤，又於平齡案內查出兵部主事李鶴齡代刑部主事羅鴻繹勾通關節，以暗記送與同考官編修浦安批薦。並託柏葰家人靳祥關說懇求，柏葰聽從，即將他卷抽出，以羅所薦卷取中。因將柏葰處斬，浦安、

羅鴻繹、李鶴齡照例斬決，平齡、靳祥病死獄中，朱鳳標革職。

載垣等再會審程庭桂收受關節案，訊得程子郎中程炳炎收受條子數張，令家人轉送入場，交程庭桂取中收閱。因將程炳炎處斬，程庭桂發往軍臺，另犯七人均革職，發往新疆效力贖罪，陳孚恩等降級調用，監臨監試各官執事各員搜檢王大臣等，分別給以降級罰俸處分。

說者謂此案柏葰論罪，或只受流徙處分為止。因軍機大臣肅順與柏葰共事有隙，而陳孚恩以肅順得補兵部尚書親肅，故肅陳兩人特意羅織，置柏葰於死地。據傳咸豐裁柏葰斬決文時，執筆手抖，或心中以為過份也。

　　綜合上述各案，內以順治十四年丁酉科，康熙五十年辛卯科，及咸豐八年戊午科三大獄，最為嚴厲，而以戊午科斬決大學士，為清代空前絕後之一舉。若非此嚴刑峻法，震懾人心，恐其積弊亦不克維持至停科舉時期矣。

第二十一章　書後

考試制度之完備公允及缺點

　　清代科舉考試，經千數百年之歷史，竭無數先民之心智，訂立廩保、搜檢、彌封、謄錄、對讀、內簾、外簾、迴避、監視、巡邏、磨勘種種制度，自有其不可磨滅之價值，亦為現代考場之良規。

　　全國人民除罪犯及不公平歧視服賤役者之外，皆可投牒自進，平等競爭，掃除門閥世族之弊，奠定貧富均等之基，可稱公允。

　　惟考試空洞文字，不似今日科學答案之有標準、有正誤，全視衡文者個人意志為高下，其中自有幸與不幸。尤其鄉試卷多，評閱期短，同考官少，往往屈抑遺才，是為制度中一大缺點。為免向隅者怨天尤人，於是不得不提倡迷信及安身立命之說，以謀社會之安寧。

　　有清一代，東南數省文風鼎盛，擢巍科者多屬江浙人士，偏遠省份登高第者少，二三百年間竟有全省無殿元及鼎甲者。蓋因江南士子，習知其父兄親故之科場經驗，有所秉承，自易得手。而窮鄉僻野之士難得有經驗者預為指導，文體場規難於適應，以致相形見絀。即如會試貢士名額，若非分省錄取，則懸殊更甚。惟鄉試會試均係彌封。殿試看墨卷，讀卷大臣間有認識某人字體筆跡，預為留意，使擢巍科，究為少數。

科舉使政治安定並促進民族同化

　　科舉按年考試，分區進行，每三年更集合人才一次，會試首都，使全國士子均有參加國家政治機會。除皇室外，新陳代謝，無特殊階級，有聲氣相通，與今之各國普選，同具功效。斯為全民政治，政治亦賴以安定矣。

　　歷史上外族入主中華，計有數起。滿清入關，疆宇日大，藉科舉考試關係，使初期在雲貴廣西湖南四川諸省邊遠地區之猺民、苗族、土司等等，次第同化，國家統一，確為重大事實。

藉科舉統制人民思想

科舉用八股文取士，考經宗宋儒理學，立議不遵注疏，無不斥為異端，是乃假崇聖之名，行尊君之實。再如臥碑文中，明白禁止士人結社干政，言論不得自由，無非使全國上下盡為順民，以鞏固其皇朝統治而已。

然為發揚孔孟遺教，教民尊重倫理道德，父教其子，兄訓其弟，益以師友指導，尊長告誡，許多傳統與理論，亦為文盲所遵守，使我國向為世界上文化禮義之邦，其所貢獻者亦大。

用科名羈縻人才

蘇子瞻論國家人才有言曰：

> 夫智勇辯力，此四者皆天民之秀傑者也。類不能惡衣食以養人，皆役人以自養者也。故先王分天下之富貴，與此四者共之，此四者不失職，則民靖矣。

滿清深知羈縻多士之術，其對於「智」者「辯」者，借徑

於讀經稽古，禁錮其心思才力，埋首於空疏無用之時文。抑之以歲試，束縛生員，安居鄉里，不敢起鬨。揚之以科名榮譽，使舉貢以上安富尊榮，效忠君上。

至對「勇」者「力」者，亦有其控誘之道。咸豐間，馮桂芬氏論武試議曰：

> 驍雄悍鷙之徒，輒多不喜束縛，故不肯就我。又其人往往不事生產，至他日迫饑寒流而為匪，雖欲就我而不可能。今於弱冠之初，以舉人進士之榮名為招，明示以無所束縛，必欣然就我。迨饑寒既至，更無不就我之理，是以有餘者以虛文縻之，不足者以實惠撫之，始有餘而繼不足者，則又預為之地以待之，吾知其甘為匪者少矣。

觀馮氏之言，可謂深刻明顯之至。歷史上因科舉失意鋌而走險者甚多，唐之流寇黃巢其尤著者。

清有文試武試，固於其中選拔才俊，為國應用。然其最大政策，則為分天下之富貴與智勇辯力四者共之。我國人民職業，向分士農工商，士為四民之首，亦為群眾所仰望，士人被羈縻，則天下太平矣。

考試內容之差誤

我國自古有禮、樂、射、御、書、數六藝，近有國父孫中山先生衣、食、住、行、育、樂遺教，即世界各國選拔人才之考試，其所試科目，無不與民生國計有關。若清代科考之內容，其與古之六藝、總理遺教及國家之所需要者，相去尚遠。

科舉考試，限以四書五經命題，士子冀登巍科，亦專在四書五經致力，除此而外，不明訓詁，不知秦皇漢武，至八股文則更空虛無用矣。

自古由士子文章，可知其才氣志節，因而拔識奇才，歷史上事例甚多，即由書法亦可知其智慧性情。惟專以文字取士，而不注重實學，考選錄用，猶之「玉不琢不成器」，質美而尚未達適用階段，故清之科舉考試，僅可謂選拔聰慧人士以納於仕途，若即謂為選得人才尚未切當。

明末清初，歐西與我已有交通，當時西方之天文、算學、製造、繪畫、營造，已由來華教士，輸入中土。滿清政府在初若能提倡西學，教民研習，慎重考選，以國人之勤勉智慧，經二三百年之獎勵驅策，則在政治軍事文化各方面之成就，必非淺鮮。海通後，亦何至因缺乏各項實用人才，無以抗禦外侮。

　　至於民生國計所關之政策及科目多矣，吾人不能咎清之科考，未能一一計及，然唐宋之所重視者，清代無之，實為差誤。

　　唐之試士，於經史文藝對策三項之外，尚有醫學，屬太醫署。醫學分體療、瘡腫、少小、耳目口齒四科。有博士教授，生徒讀經實習，肄業期分長短。有月考、季考、年考，由博士、太醫丞、太常丞分別考試。學業有成者，待遇與國子監生相同。另有鍼科，即今之針灸。又有按摩科醫治關節臟腑壅積而發生之疾病，其所關於民之休戚者甚巨。

　　清官制有太醫院，而無醫學校，士子每以其智慧經驗，研讀醫學，懸壺問世，其間代有名醫，事實俱在。惟官方僅訪求良醫，給以職位，用人才而不培育人才，以致斯道日漸衰微，幾成絕學，否則我國醫學早已昌明於世界，人民受惠多矣。梁啟超氏所謂「清代學校為考試所奪，學術為制藝所奪」，旨哉斯言。

　　再唐宋兩代專科學校內課程，有醫學、算學、畫學、書學、武學，更有律學。內分「斷案」「律令」兩科。其入學資格，一為命官，二為舉人，後者須命官二人保送。先入學聽講，經入學試驗錄取後為正式生，給公費待遇加以考試。

　　清代各省州縣官，多係科舉出身，如每三年一次殿試朝考後分發各省之欽點知縣，即有百數十名之多。此輩書生新貴初不諳財務法律，僅於出仕之前，臨時至藩臬兩署，短期研習，

略有所知，走馬上任。到任後，政務多賴錢穀刑名幕僚（俗稱師爺）處理，其中以刑名尤為困擾。一因主官對律例素少研究，二因官民方言隔閡，訟案詳情往往難以言語上下暢達，於是所謂刑名師爺者，可以引用條例，從中曲解，有失公允。在各省桌署以至道、府、州、縣署中，師爺自成系統，互通聲氣，其中固不乏正直之士，然大體言之，其流弊影響於訴訟及民心者甚大。

　　總之，「窮則變，變則通」為古今不易之理。清代文武考試，以八股文試帖詩及騎射大力取士，至世界上輪船炮火時代，仍執迷守舊，清末始變更考試內容，另謀實用強兵之計，惜乎晚矣。

表 16　清代文官品級職掌表

正一品	太　　師	師傅保皆虛銜，無實官，無定額。古稱三公。對天子或太子之德育、智育、體育，負有輔導之責。清代無太師、少師、太子太師、太子少師。大臣在位及歿後，追贈虛銜，亦至太傅為止。
	太　　傅	
	太　　保	
	協　學　士	猶古之宰相、今之五院院長。
	大辦大學士	猶今之五院副院長。
從一品	少　　師	
	少　　傅	
	少　　保	

	太子太師	
	太子太傅	
	太子太保	
	吏部尚書	吏、戶、禮、兵、刑、工統稱六部。
	戶部尚書	
	禮部尚書	
	兵部尚書	
	刑部尚書	
	工部尚書	
	理藩院尚書	主持藩屬朝覲貢獻黜陟政令,猶今之蒙藏委員會委員長。
	都察院左右都御史	左都御史猶今之監察院長,右都御史為總督坐銜,不設專員。
正二品	太子少師	
	太子少傅	
	太子少保	
	各省總督	例加兵部尚書銜,為從一品。另有河道總督漕運總督,均負專責,不管軍政民政。
	各部院侍郎	猶今之各部會次長,惟職權較大,因尚書侍郎均為堂官。
從二品	內閣學士	
	翰林院掌院學士	
	各省巡撫	猶今之省政府主席,例加兵部侍郎銜,為正二品。
	各省布政使	猶今之各省政府民政廳長兼財政廳長。

正三品	都察院 左右副都御史	左副都御史猶今之監察院副院長，右副都御史為巡撫之坐銜，不設專員。
	宗人府宗令	掌皇室宗族事。
	通政使司正使	明代掌內外奏章，職責重要，清季改由軍機處及內奏事處掌管。
	大理寺卿	猶民初之大理院院長，刑部，都察院，大理寺為三法司，合掌最高審判權。
	詹事府詹事	明代為東官屬官，清廢太子，改充日講官，纂修典籍，典試提學。
	太常寺卿	掌典守廟社及祭祀禮儀。
	順天府尹	猶民初之京兆尹，民國首都市政府市長，惟轄區較廣。
	各省按察使	猶今之各省高等法院院長。
從三品	光祿寺卿	掌大內膳食及祭祀宴會饌食事，大內膳食後劃歸內務府供應。
	太僕寺卿	掌輿馬牧畜政令，後改由兵部車駕司掌管。
	各省鹽運使	猶今之各省鹽務管理局局長。
正四品	宗人府宗正	宗令之副。
	通政使司副使	通政使之副。
	大理寺少卿	大理寺卿之副。
	詹事府少詹	詹事之副。
	太僕寺少卿	太僕寺卿之副。
	鴻臚寺卿	掌朝會賓客祭祀燕饗之儀。
	順天府丞	首都市政府市長之副，兼市教育局局長。
	各省道員	守道為布政使督察府州縣錢穀，巡道為按察使督察府州縣刑名，後來每道均兼理兩項任務。亦有兼管軍務者兼管河道者，另有茶鹽道，鹽法道，在初尚有驛運道，隨後裁撤。

從四品	翰林院侍讀學士	
	翰林院侍講學士	
	國子監祭酒	國子監首長，猶國立首都大學校長，惟職務不同。
	內閣侍讀學士	
	鹽運使司同知	猶各省鹽務管理局副局長。
	各府知府	管轄數縣最多至二十縣，猶民國之行政督察專員。
正五品	左右春坊庶子	掌記註纂修事。
	通政使司參議	評議司務。
	光祿寺少卿	光祿寺卿之副。
	六科給事中	傳達詔勑，補闕拾遺，監督各部行政，猶今之監察院各委員會召集人。
	宗人府理事官	
	各部院郎中	猶今之各部會司、廳、處長。
	順天府治中	猶首都市政府秘書長。
	欽天監正	猶中央氣象局局長。
	太醫院院使	猶中央醫院院長。
	各府同知	輔助知府，每府設一人或二人，俗稱二府。亦有管民事，為直屬廳首長。
	直隸州知州	規制與知府同，轄兩三州縣，惟無倚郭縣，即以所治之州或縣，行使州縣官權。
從五品	翰林院侍讀	
	翰林院侍講	
	司經局洗馬	掌經籍圖書之刊行與收藏。
	鴻臚寺少卿	鴻臚寺卿之副。

	各道監察御史	猶今之監察委員。
	宗人府副理事官	
	各部院員外郎	猶今之各部會司、廳、處幫辦或專員委員。
	散州知州	凡轄境較廣、政務較繁之縣份名曰州，知州任務與知縣同。
	鹽運使副使	猶各省區鹽務管理局分局長。
	鹽課司提舉	鹽運使署屬官。
正六品	內閣侍讀	
	左右春坊中允	掌記註纂修，與翰林院讀、講、編、檢同。
	國子監司業	祭酒之副。
	各部院主事	猶今之各部會科長、專員。
	都察院都事	掌繕寫章疏。
	都察院經歷	掌督察胥吏。
	大理寺左右寺丞	猶大理院庭長。
	宗人府經歷	宗人府屬官。
	欽天監監副	猶中央氣象局副局長。
	太醫院院判	猶中央醫院副院長。
	京府通判	輔助府尹，高外府通判一級。
	京縣知縣	順天府知縣，高外縣知縣一級。
	太常寺丞	
	外府通判	輔助知府，俗稱三府。
從六品	左右春坊贊善	掌如庶子、中允。
	翰林院修撰	
	光祿寺署正	
	布政使司經歷	掌出納文書。
	布政使司理問	

	鹽運使司運判	鹽運使署屬官。
	直隸州州同	輔助知州。
	散州州同	輔助散州知州。
正七品	翰林院編修	
	通政使司經歷知事	掌出納文書。
	大理寺評事	審各重大刑事案件。
	太常寺博士	掌繕寫章牘、管進貢物品。
	國子監監丞	掌管學規、督察課務。
	京縣縣丞	輔助京縣縣長。
	內閣典籍	
	外縣知縣	掌一縣政令。
	太常寺典簿	
	太僕寺主簿	
	按察使司經歷	
	各部院寺司庫	
	京府教授	掌八旗及京師政黌序訓課之。
	外府教授	府學教官。
	各部院七品筆帖式	繙譯滿漢奏章文籍。
從七品	翰林院檢討	
	內閣中書	
	詹事府主簿	
	光祿寺署丞	
	光祿寺典簿	
	京府經歷	

	布政使司都事	
	鹽運使司經歷	
	直隸州州判	
	散州州判	
	國子監博士	
	國子監助教	
正八品	國子監學正	
	國子監學錄	
	欽天監主簿	
	太醫院御醫	
	各部院八品筆帖式	掌繕寫。
	布政使司庫大使	
	鹽運使司庫大使	
	按察使司知事	猶法院推事。
	外府經歷	輔助知府。
	外縣縣丞	輔助知縣，俗稱二衙。
	鹽課司大使	猶今之鹽場場長。
	鹽引批驗所大使	
	州學正	州學教官。
	縣教諭	縣學教官。
從八品	翰林院典簿	
	國子監典簿	
	鴻臚寺主簿	
	太醫院吏目	
	布政使司照磨	掌照刷卷宗。

	鹽運使司知事	
	府州縣訓導	教授、學正、教諭之副。
正九品	各部院九品筆帖式	
	欽天監監候	
	按察使司照磨	
	府知事	
	縣主簿	
從九品	翰林院待詔	
	欽天監司晨博士	
	刑部司獄	
	京外府照磨	
	宣課使大使	
	按察使司司獄	
	巡檢	猶今之警察分局局長。
	布政倉大使	
	府庫大使	
	同知倉大使	
未入流	翰林院孔目	
	禮部鑄印局大使	
	縣典史	掌竊賊刑事，俗稱四衙。
	驛丞	掌驛運。
	閘官	掌運河閘啟閉。
	縣稅課大使	
	河泊所大使	掌收漁稅。

一、清代文官制度，大體沿襲前明，由吏部銓敘，品級分
　　為九品，每品分正從二級，共十八級，九品以下謂之
　　未入流。

二、清代科舉制度與官吏之品級職掌有密切關係，本表所
　　列官名，係按《大清會典》所載而在科舉未停以前之
　　各官為限，晚清增設各官均未列入。

三、文官有京官外官之別，在京師各部署服務者為京官，
　　在各省會及道，府，州，縣服務者為外官。京官較外
　　官高一級，內外官可互調。

四、乾隆十三年，制定保和，文華，武英三殿，體仁，文
　　淵，東閣三閣大學士滿漢各二人，尚書協辦大學士滿
　　漢各一人或二人，統率百僚，位在六部九卿之上，統
　　稱中堂，猶明之宰相及民國成立後之五院院長副院長。
　　雍正後，中樞實權改屬軍機處，大學士如不兼領部院，
　　或外膺疆寄，則尊而無權，僅負最高崇隆之名義而已。

五、鄉會試主考、副主考及各省學政均係差非缺，不在職
　　官之列。晚清停科舉後，改設提學使，猶今之各省教
　　育廳長、官正三品。

六、內官之有各部七品小京官，始於何時，無從查考，亦
　　不在本表之內，但甚重要。

七、外官自七品知縣以下，除教職外，均為佐治人員，稱為佐貳或佐雜。

八、晚清國子監及若干冷衙署，均被裁撤。

九、乾嘉後，國庫空虛，咸豐九年，開放捐官，京官自七品小京官至郎中，外官自未入流至道員，均可捐納。捐班稱異途出身，與科舉之正途出身有別。捐班出身及原有科名而加捐功名者，均不能分發到吏、禮兩部供職。

十、各官職掌難於詳備，間有顯明不須註釋者，均從略。

十一、國民政府最高級文官為選任官，如以清代官級與現代官級比對，其中雖職掌略同，而往往今昔階級懸殊，頗難十分吻合。僅可認為自從一品至正二品為特任，從二品至從五品為簡任，正六品至從七品為薦任，正八品至從九品為委任。

表 17　清代京外重要文官表

總　　督	9	直隸、兩江、湖廣、兩廣、陝甘、四川、雲貴、閩浙、東三省。
河道總督	2	江南河道總督駐淮安府，山東河南河道總督駐濟寧州。
漕運總督	1	駐淮安府。

巡　撫	18	各行省原為直隸、奉天、山東、山西、河南、江蘇、安徽、浙江、江西、湖南、湖北、廣東、廣西、四川、陝西、甘肅、雲南、貴州、福建、臺灣等二十省。 晚清增設新疆、吉林、黑龍江三省，共為二十三省。 中葉後，規定督撫不同城，直隸、奉天、四川、甘肅、福建五省駐總督，不設巡撫。
布政使	23	
按察使	23	
提學使	23	停科舉後新設。
鹽運使	5	長蘆、兩淮、兩浙、山東、廣東。
道　員	81	
知　府	178	
直隸州知州	63	
知　州	414	
知　縣	1570	
教　授		每府一。
學　正		每州一。
教　諭		每縣一。

一、本表所列各官數目，以晚清所設職官為準。

二、表內均係正印官，品級高而非主管，均未列入。

三、道、府、州、縣數目，歷年時有變更，《大清會典》記載不全，新疆、奉天、吉林、黑龍江、臺灣等省亦未列入。

四、邊區之廣西、雲南、貴州、西川數省內散州特多。

五、教職雖係七八品官，在科舉時代，極關重要。

表 18　清代文官品級頂戴補服表

正／從一品	誥授光／榮祿大夫，妻一品夫人。 頂戴，朝用紅寶石嵌東珠，常用珊瑚。 補服，仙鶴。貂褂。蟒袍一二三品五爪者九。
正／從二品	誥授資政／通奉大夫，妻夫人。 頂戴，朝用珊瑚嵌小紅寶石，常用起花珊瑚。 補服，錦雞。
正／從三品	誥授通／中議大夫，妻封淑人。 頂戴，朝用藍寶石嵌小紅寶石，常用藍寶石及藍明玻璃。 補服，孔雀。
正／從四品	誥授中憲／朝議大夫，妻封恭人。 頂戴，朝用青金石嵌小藍寶石，常用藍涅玻璃。 補服，雲雁。蟒袍四五六品五爪者八。
正／從五品	誥授奉政／直大夫，妻封宜人。 頂戴，朝用水晶嵌小藍寶石，常用水晶及白明玻璃。 補服，白鷴。都察院及按察司官用獬豸。
正／從六品	勅授承德／儒林郎，妻封安人。 頂戴，朝用車渠嵌水晶，常用車渠及白涅玻璃。 補服，鷺鷥。
正／從七品	勅授文林／徵仕郎，妻封孺人。 頂戴，朝用花晶嵌小水晶，常用素金。 補服，鸂鶒。蟒袍七八九品未入四爪者五。

正／從八品	勅授修職／職佐郎，妻封孺人。 頂戴，通用起花金頂。 補服，鵪鶉。
正／從九品	勅授仕登仕／仕佐郎，妻封孺人。 頂戴，朝用起花，常用鑲花金頂。 補服，練雀，又名抉白練。
未　入　流	勅授登仕佐郎，妻封孺人。 頂戴，同九品。 補服，黃鸝。

一、《大清會典》載有各級文官冠服圖。

二、頂戴，禮服均有朝用常用兩種。

三、二品以上穿紫貂，五品以上穿白狐。

四、五品以上掛朝珠。

五、文官補服用禽（武官用獸）。

表 19　清代武官品級表

正一品	領侍衛內大臣，一、二、三等子爵。
從一品	八旗、滿洲，蒙古，漢軍都統，提督。
正二品	副都統，總兵。
從二品	散秩大臣，副將。
正三品	一等侍衛，參將。
從三品	一等護衛，遊擊。
正四品	二等侍衛，都司。
從四品	二等護衛。

正五品	三等侍衛，守備。
從五品	四等侍衛，三等護衛。
正六品	藍領侍衛。
從六品	千總。
正七品	把總。
從七品	七品典儀。
正八品	外委千總。
從八品	八品典儀。
正九品	外委把總。
從九品	額外外委。

一、清代武官由兵部銓敘，品級亦為九品，每品分正從二
　　級，共十八級。

二、武官之出身有三：㈠世職；㈡武科；㈢廕生。

三、世職伯爵以上為超品，一、二、三等公、侯、伯爵均
　　不以品計。

四、清代兵制分旗營綠營兩大系統，旗營（八旗）另詳第
　　二章第三節註❸。

五、綠營職責為維持各省地方治安，其指揮權在中央屬兵
　　部，在地方歸總督、巡撫、提督、總兵，故有督標、
　　撫標、提標、鎮標等名稱。

六、綠營編制以營為單位，每營五百人，設營官。下設中、
　　左、右三哨，各設哨官，全國總數約六十萬人。

七、綠營武官以提督為最高，總兵次之，受督撫節制。以下為副將、參將、游擊、都司、守備、千總、把總、外委、額外外委，故有「副、參、游、都、守、千、把、外委、額」兩句名稱。

八、晚清自外委至參將，均可捐納。

九、按《大清會典》，武官名目繁多，如某一陵寢某一壇廟，均有一武官管理，不勝列舉，本表所列各官，僅以與武試有關者為限。

表 20　清代文武官員職位之別稱表

職位	別稱	職位	別稱
太傅	師傅	太保	宮保
大學士	中堂、閣老、相國、首揆	協辦大學士	協揆
吏部尚書	大冢宰	戶部尚書	大司徒、大司農
禮部尚書	大宗伯	兵部尚書	大司馬
刑部尚書	大司寇	工部尚書	大司空
都察使	都堂	左都御史	都堂
吏部侍郎	少宰	戶部侍郎	少司徒
禮部侍郎	少宗伯	兵部侍郎	少司馬
刑部侍郎	少司寇	工部侍郎	少司空
各部院尚書侍郎	部堂，堂官		

都察院左都御史		內閣學士	閣學
通政使司通政使		翰林	太史、內相、玉堂人物
詹事府詹事		內閣中書	中翰，內翰
國子監祭酒	統稱九卿。清代御前重要會議，例由大王臣六部九卿參加	各部院官員	部曹
大理寺卿		總督	制軍、制府、節帥、制臺
太常寺卿		巡撫	中丞、撫軍、撫臺
光祿寺卿		布政使	方伯、藩臺
太僕寺卿		按察使	廉訪、臬臺
鴻臚寺卿		鹽運使	都轉，鹺使
道員	觀察、道臺	知府	太守、郡守、二千石
同知	司馬	直隸州知州	刺史
通判	別駕	知縣	太令、邑侯、邑尊
教官	廣文、司鐸	佐貳	佐雜
提督	提臺	總兵	總戎、鎮臺
副將	協鎮	參將	參戎

重編清代科舉書後

　　合肥劉毅人先生兆璸曾編《清代科舉》一書，詳述有清考試制度，並其利害得失，至為詳贍簡明，已於民國六十四年三月出版，讀者咸致贊賞，購者既多，不脛而走，初版已無存矣。毅人兄以函索者眾，方謀續版，自認原著間有遺漏譌誤，乃重事釐正，其謙撝戒滿，已足令人心儀。雨航時適重行檢討自編之《清代皖江館選錄》，遺漏尚多，正謀重訂付印，衰年思拙，精力已疲。毅人不鄙譾陋，時承造訪商榷，謂著述極難，非得益友麗澤相資，未敢輕率問世。雨航曩曾閱《大清會典》一過，歷久已泰半健忘，既承下問，爰就己所知，代為更正數處，其他則不知為不知耳。竊謂士之治學，當困學深思，尤不可耳食是憑，以科舉之八股言之，曩見書中所載及朋輩所談，均云八股始於明太祖開國之初，雨航曾亦人云亦云，既而讀顧亭林《日知錄》，則曰「經義之文，流俗謂之八股，蓋始於成化以後，股者，對偶名也，天順以前，經義之文，敷衍傳註，或對或散，初無定格，成化二十三年會試乃以反正虛實淺深，扇扇立格，

八股實始於此」，即此可證前信八股始於太祖，謬之甚焉。故治學能守學而不厭之精神，則往往後能勝前，毅人能就舊者宏而大之，是誠精益求精，雨航願結此直諒多聞之益友矣，謹以數言書之於後。

中華民國六十五年季秋弟霍山孫雨航跋

後記

　　先嚴是一位潛學的工程人員，百年樹人的醉心者，也是一位嚴以律己寬以待人的長者，畢生古道熱腸，胸襟開闊，治事廉明，淡泊名利，為服務家、國，教育子女而盡瘁。

　　遠在大陸時期，貢獻所學為建設桑梓而盡力。來臺後，專心從事教育工作，桃李三千，絃歌自樂，高齡教讀之暇，勤於清代學制之考證，手著《清代科舉》一書，於六十四年三月發行初版，聊供關心我國歷代典章制度者參考。唯求該書益臻詳實，年來增修補充籌劃再版，數度南北奔波，本（六十六）年二月初旬再度由居處（臺南）遠涉臺北。二月八日上午至老友處切磋甚洽，欣然相偕外出，不意於十一時許在臺灣大學附近行人道中蹶足昏迷，送醫罔效，延至翌（九）日上午八時安詳辭世。「樹欲靜而風不止」，椎心泣血之餘，決促成該書再版早

日問世，完成遺願，以告慰老人家在天之靈。

　　茲承東大圖書公司鼎力襄助，得使該書速即再版，謹致謝忱。

　　　　　　　　　　　　　　劉秉同　劉秉丹
　　　　　　　　　　　　　　　　　　　　　敬書
　　　　　　　　　　　　　　劉秉青　劉秉頤

　　　　　　　　　　　　中華民國六十六年三月

圖片出處

圖 1　廣東省貢院全部略圖：本局繪製

圖 2　江南貢院號舍：公有領域

圖 3　明遠樓：公有領域

圖 4　號舍門：公有領域

圖 5　江南貢院號門號舍平面暨號門號舍透視圖：公有領域

圖 6　江南貢院號舍正面、側面暨透視圖：公有領域

圖 7　殿試題名碑：公有領域

圖 8　國子監：公有領域

圖 9　嶽麓書院今貌：Shutterstock 圖庫網

圖 10　嶽麓書院學規（1748 年）：公有領域

歷史人物與文化危機（四版）　　　余英時

跨越世紀的史學泰斗——余英時先生在書中，從文化的角度切入，分析中國近代史研究隱含的價值脈絡。近代中國文化的發展，不僅僅只是因應西方所帶來的危機而做出回應，更是由內而發的文化反動。全書以遒勁的筆觸、深刻的體驗，自中國歷代人物及社會背景等方面，探討中國近代以來所遭受的種種文化危機，期望能喚起民族的文化認同，尋回遺落在歷史裡的中國，深切盼望中國能夠邁向民主化的道路。

猶記風吹水上鱗
——錢穆與現代中國學術（四版）　　　余英時

「海濱回首隔前塵，猶記風吹水上鱗」。本書為紀念錢穆逝世周年而作，通過對錢先生的學術和思想研究，勾劃二十世紀中國學術思想史的重要側影。本書著重分析錢先生和「五四」主流派（以胡適為代表）、馬克思主義派（以郭沫若為代表）、以及新儒家（以熊十力為代表）之間錯綜複雜的關係，以宏觀視野剖析國學大師畢生學術成就。

論戴震與章學誠
——清代中期學術思想史研究（四版）　　　余英時

本書以戴震與章學誠為核心，從當代環境與心理背景兩大層面，勾勒戴、章二人的思想側影，進而窺見兩位中國學術思想史之大成，如何於排斥宋明理學的大環境中，為清代儒學和宋明理學接起思想史上的內在鎖鏈？以「儒學」為學術思想核心之傳統中國，與同時代的西方思想史又有何差異？余英時先生透過戴震與章學誠兩大清代考證運動理論大家，為世人帶來清代中期學術思想史經典之作。

中國文化與現代變遷（四版）　　　　　　　　余英時

自十九世紀以來，中國遭受了「千古未有之變局」，在西潮
的衝擊下，中國傳統文化有了那些變化？知識分子又如何因
應此一變局？作為一個思想史學者，作者對這些問題展現了
深刻的觀察和思索，彙集成為本書。書中文字和觀念均力求
雅俗共解，輔以作者清通之文筆，讀者當更能深入了解這段
變遷的過程，及面對未來的因應之道。

陳寅恪晚年詩文釋證（三版）　　　　　　　　余英時

陳寅恪在一九四九年後已成為中國大陸上唯一未滅的文化燈
塔，但在文字獄空前猖獗的時代，他的史著與詩文不得不儘
量曲折幽深，形成一套暗碼系統，後由余英時先生在八十年
代破解，使他晚年生活與思想的真相重顯於世。本書所激發
的爭議不斷擴大，並引出大批有關他晚年的檔案史料。作者
充分利用新史料增寫〈陳寅恪與儒學實踐〉和〈試述陳寅恪
的史學三變〉兩篇長文，更全面地闡明他的價值系統和史學
思想。

會友集（上）（下）
──余英時序文集（二版）　　　　　　　　余英時

本書彙集余英時先生為海內外學者所作序文五十一篇，所論
涵蓋從先秦至當代三千年中國歷史，貫通文、史、哲等諸多
學科，精闢分析學術和時代的課題，篇篇由其深厚的學養
和真誠的良知所發。「內篇」二十三篇論學術，「外篇」
二十八篇議時政，「內聖外王」連續一貫，學術研究與價值
操守、文化關懷相結合，引領讀者進入一個更為「廣大精微」
的意義世界。

華裘之蚤：晚清高官的日常煩惱

張劍

本書作者張劍，秉持學術考據的嚴謹，文獻解讀的專業，從獨特的視角切入六位晚清高官的瑣碎日常。奠基於日記史料的真實，偶爾荒謬、偶爾無奈，字裡行間引人發噱，原來晚清高官的煩惱也是如此樸實無華！他們的煩惱小至家中僕人愛嚼舌根，大至清朝帝國即將覆滅！關關難過真的可以官官過？六則清朝晚期大人物的日常實錄！

滿清之晨：探看皇朝興起前後

陳捷先

《三國演義》與滿族的建國大業有無關係？皇太極為何愛哭？皇太極真的會解夢、預言嗎？本書以史料為憑據，解答上述疑問，引領讀者一窺滿清前期奠基者與創造者的智慧權謀。由於努爾哈齊與皇太極在滿洲文字的發明、改良與推廣上著力甚深，因而產生大量滿文書檔。本書亦就部分滿文書檔進行剖析，使讀者了解滿文資料的內容與價值，並且認識舊時滿族的生活文化。

透視康熙

陳捷先

康熙對內整飭吏治、減輕賦稅、督察河工，年未及三十便平定三藩，為大清帝國立下根基。長久以來，康熙在各式影劇、小說的詮釋下，傳奇故事不絕於耳，然其內容或與史實有些許出入。本書係以歷史研究為底本，暢談康熙皇帝的外貌、飲食、嗜好、治術和人格特質，不僅通俗可讀，其所揀選分析之史料也值得細細品味。

清史論集（二版）
陳捷先

本書集結作者十篇清代相關研究的論文精華。透過精闢文字，檢討滿洲興起時的民族事務；分析滿族早年倡行藏傳佛教之因；探究清廷理性仿行的漢人典章制度；一窺因承襲漢族傳統而在中衰前夕出現的貪瀆事項。作者根據國內外、滿漢文等多種史料，從不同的角度對清代相關議題提出個人嶄新的想法與見解。

青出於藍：一窺雍正帝王術
陳捷先

清代帝王硃批奏摺，是為了向臣子發布命令、傳達信息，但的硃批諭旨不只是行政奏章，裡面還有耐人尋味的帝王統御之術，可謂是「青出於藍」！喜怒無常？法家天子？積極經營臺灣？雍正硃批的字裡行間，流露出他的真情實性，也讓人得以窺見雍正駕馭臣下的統御技巧。想重新認識這位有血有肉的帝王嗎？讓雍正親口說給你聽！

以史為鑑——漫談明清史事
陳捷先

明末清初「臺海對峙」是「一條辮子」惹的禍？清帝國從挨打中學到了些什麼？權力慾望極強的慈禧太后讓晚清政局掀起什麼波瀾？明清帝國已逝百餘年，但類似的歷史場景仍不斷重現。陳捷先教授總結數十年明清史研究的心得，透過犀利的筆鋒、說故事的口吻，帶你重返大清帝國的崛起與衰亡，領悟歷史何以為鑑。

明清史（三版）

陳捷先

中國歷史悠久綿長，明清兩代是上承帝制下啟共和的重要關鍵時期。本書作者憑藉著豐富學養和深厚語文造詣，爬梳大量的中外文及滿文史料，澄清不少野史及戲曲中的繆誤傳說，用深入淺出的筆法，清晰地介紹明清兩朝的建國歷程和典章制度；並以獨到的見解，臧否歷任帝王治績、析論兩朝盛衰之因。

清代史學與史家（三版）

杜維運

清代史學，以考據為大宗，而衡評、撰述之業，亦有可觀。其他殊值稱述者，不一而足。故清代史學，實有千門萬戶之觀。清末民初以來，西方史學東漸，其勢洶湧，而清代史學，未被衝出潮流之外，然則清代史學之客觀價值可知。史學大家杜維運教授經典著作，帶領讀者逐步理解清代考據學，看見清代史學的細膩成就。

天有二日？——禪讓時期的大清朝政

卜鍵

這是一本描述乾隆帝暮年禪讓的書，父慈子孝是禪讓期間的執政基調，出於孝心，發乎天然。本書以清宮檔案為基礎，致力於如實勾畫當時的歷史場景，真切再現重要人物。在國家內亂、經濟危機、官場腐敗、將星隕亡、士氣低落，國勢和國運都在加速走向衰微之際，我們能見出弘曆父子對世界大勢的隔閡，以及為朝當政的嘔心瀝血。

風雪破窯──呂蒙正與宋代「新門閥」 王章偉

在宋代如何出人頭地，打造超級世家？讓呂蒙正與他的繼承者們告訴你宋代門閥養成術的秘訣！本書重構呂蒙正及其家族的故事，讓讀者重新了解呂家精彩的故事，更認識中國中古門第社會崩解後，科舉制度如何影響士族官僚的發展，改變近世中國的社會結構。以淺顯易懂的語彙提供了觀看「宋代門閥」的新視野！

救命──明清中國的醫生與病人 涂豐恩

兩位醫生，和兩個不同的生命。一個他，只能想著科舉及第，獲取功名；另一個他，早已在文人圈中聲譽崇隆，備受敬重。兩個看似悖反的生命故事，卻一同帶我們進入另一個時空裡，複雜而多樣的醫療情境。這是由一群醫生與病人共同交織出的歷史，關於他們之間的信任或不信任，他們彼此的互動、協商與衝突。

國家圖書館出版品預行編目資料

清代科舉／劉兆璸著.－－修訂三版一刷.－－臺北
市: 東大, 2023
面; 公分.－－（歷史聚焦）

ISBN 978-957-19-3343-6 （平裝）
1. 科舉 2. 清代

573.4417   111019706

清代科舉

作　　者	劉兆璸
發 行 人	劉仲傑
出 版 者	東大圖書股份有限公司
地　　址	臺北市復興北路 386 號 (復北門市) 臺北市重慶南路一段 61 號 (重南門市)
電　　話	(02)25006600
網　　址	三民網路書店 https://www.sanmin.com.tw
出版日期	初版一刷 1977 年 2 月 修訂三版一刷 2023 年 1 月
書籍編號	E570520
I S B N	978-957-19-3343-6

東大圖書公司